AI×人口減少

これから日本で何が起こるのか

中原圭介
NAKAHARA KEISUKE

東洋経済新報社

はじめに

　経済というのは好況と不況の波を交互に繰り返し、その波が一方向に動き続けることはありません。日本の好況は２０１９年2月で戦後最長の6年1カ月を更新するといういうものの、20年、30年、あるいは50年、１００年といった長い歳月に比べれば、所詮は短い期間であり大したことはありません。私たちの長い人生から見ても、経済のひとつのサイクルはほんのひと時にすぎないのです。

　しかしながら、日本ではこれから、経済の好況や不況といった短期的ないし表面的な変化ではなく、経済や社会を根底から揺るがすような大きな変化が起ころうとしています。「ＡＩによる自動化」という10年〜20年単位の中期的な波と、「少子化による人口減少」という70年〜１００年単位の長期的な波の、２つの大きな波が日本に押し寄せようとしているのです。

「ＡＩによる自動化」は今のところ、生産性を引き上げるのに加えて、人手不足を解消する手段として大いに歓迎されています。とりわけ日本では、目先の経済上のメリットが強調されるあまり、ＡＩの爆発的な普及がもたらす雇用への悪影響は軽視される傾向が強まっているようです。早くも２０２０年代半ばには人余りが顕著になることなど、多くの国民が気づいていないのではないでしょうか。人手不足の深刻さからＡＩの脅威に鈍感になっているなかで、雇用の危機への政府の対応は後手に回っていく可能性が高いでしょう。

その一方で、「少子化による人口減少」はじわじわとゆっくりと進行していくので、国民は目先の痛みを感じることができずに、人口減少を危機として意識できていません。リーマン・ショックのような経済的な危機が起これば、国民にも目に見える激しい痛みが生じるので、政府も急いで痛みを和らげる政策を実施するでしょう。急激な変化には危機意識が働くのに対して、「深刻で静かなる危機」と呼ぶべき人口減少は変化があまりに緩慢であるために、国民がそれに慣れてしまい、政府も対応を先送りしてしまうというわけです。

「ＡＩによる自動化」が動的な波とすれば、「少子化による人口減少」は静的な波になります。２つの波が重なるこれから20年ほどのあいだに、日本の経済や社会の仕組みはもちろんのこと、私たちの仕事や給料、生活は大きく変わっていくことになるでしょう。私たちはそのことを正しく認識して危機意識を持ったうえで、しっかりとした対応を取ることができる環境を整えていく必要があります。読者のみなさんにとって本書がそのきっかけとなれば、著者としてはありがたいかぎりであると思っております。

2018年10月

中原圭介

『AI×人口減少　これから日本で何が起こるのか』目次

第2章 私たちの社会はどう激変するのか 53

第5章

人口減少に打ち勝つ方法はあるのか 197

第6章 AI社会とどう向き合うべきか 239

第1章

人口減少という静かなる危機

日本の人口推計は過酷な未来を暗示する

近年、厚生労働省の政策研究機関である国立社会保障・人口問題研究所が定期的に公表する「日本の将来推計人口」への注目度が高まっています。遅まきながら、日本の過酷な現実と未来を直視するオピニオンリーダーが増えてきたのに加えて、国民のなかにも少子高齢化がもたらす日本の未来に関心を示す動きが徐々に広がってきているからです。

10年後はもちろん、20年後、30年後、40年後の日本の姿は、将来推計人口に基づいてかなり高い精度で予測することができます。たとえば、経済に関する予測のなかでも、景気動向や失業率、消費、賃金、株価などの予測は、多種多様な要素が複雑に混沌とした状態で絡み合っているため、10年後はおろか3年後ですら高い精度で予測することは不可能だといっても過言ではありません。実際に、世界的に好況だった2005年の時点で、2007年にアメリカで住宅バブルが崩壊し、2008年に世界的な経済危機に陥ることを時系列的に予測することができた専門家は世界で数人しかいなかったといわれています。

これに対して将来推計人口は、予測するうえで必要になる要素が主に出生率と平均寿命の二つしかないため、相当な正確さを担保したうえで予測することが可能となります。必要な要素が少なければ少ないほど、予測が簡単になるだけでなく正確さまでも高まるというのは、みなさんも異論がないことでしょう。ですから、一人の女性が子どもを3人、4人と産む社会がすぐにでも到来することがなければ、かなりの高い確率で将来の日本が厳しい状況に直面する姿を描くことができるというわけです。

遠い過去から振り返ってみると、日本の人口は江戸時代に3000万人を超えて、明治時代に入ると急激に増えていきました。明治時代の初期には3500万人にも満たなかったのですが、近代化が進むなかで大正時代に5000万人を超えると、昭和時代の高度経済成長期だった1967年に1億人の大台を突破し、今世紀に入って2008年に1億2800万人のピークに達しました(図表1-1参照)。

ところが、日本の総人口は2008年のピークを境に減少に転じ、1年間の人口減少数は2010年に初めて10万人を突破した後、2011年~2015年には毎年

図表1-1　日本人の人口の歴史的推移

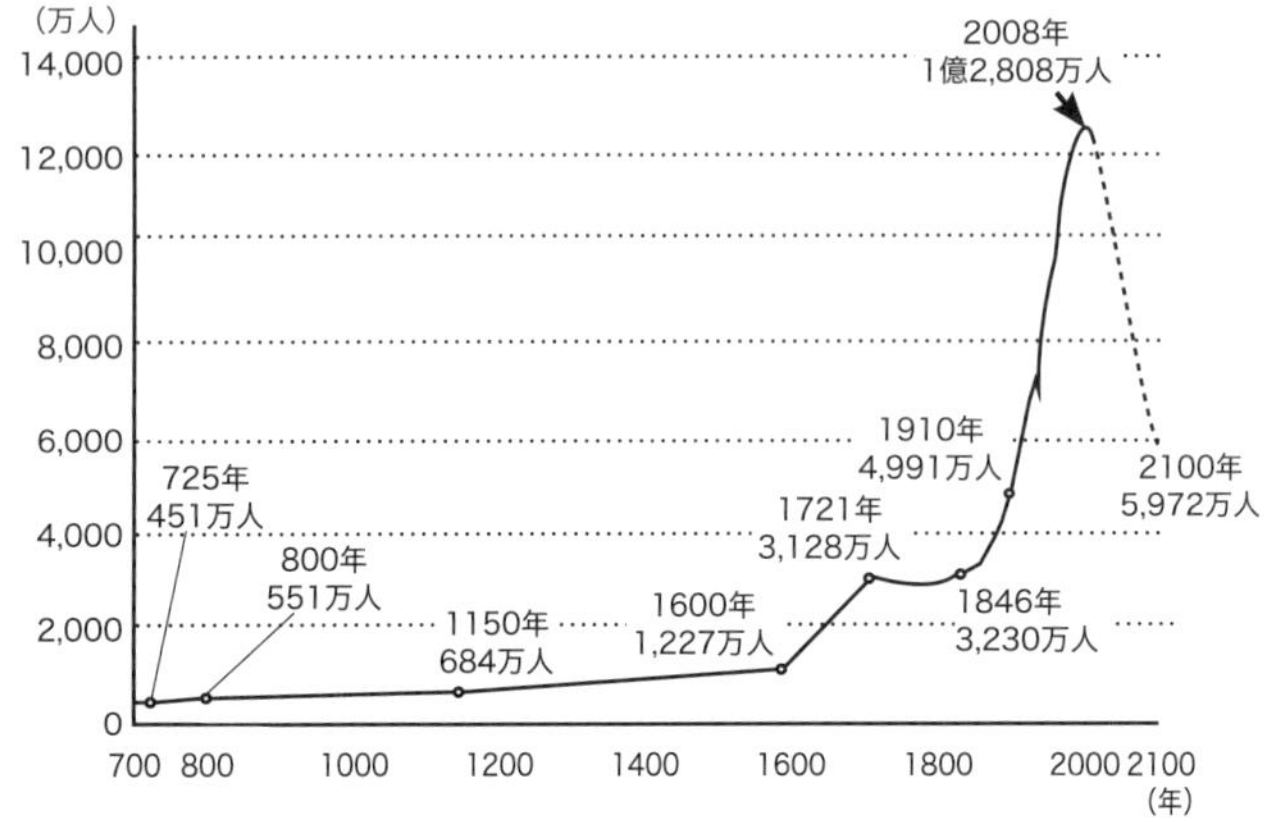

出所：国立社会保障・人口問題研究所「人口統計資料集」、「日本の将来推計人口」（死亡中位・出生中位）

20万人台で増え続けていきました。さらには、2016年にはその減少数は30万人を突破し、2017年には40万人に迫るまでになっているのです。

そもそも人口減少は出生数が死亡数を下回る「自然減」によるもの、すなわち少子化に起因するのですが、1年間に40万人もの人口が減少するという現状は、たった1年間で東京都の品川区や町田市、神奈川県の藤沢市や横須賀市、千葉県の柏市、大阪府の枚方市や豊中市、愛知県の豊田市や岡崎市、富山県の富山市、岐阜県の岐阜市、香川県の高松市、宮崎県の宮崎市、長崎県の長崎市などの人口が、ほぼ丸ごと消えていく計算になります。富山県、岐阜県、香川県、宮崎県、長崎県では、県庁所在地の人口が残らず消滅するほどのショッキングな数字であるというわけです。

和歌山県や香川県がたった1年間で消えてしまう

それでは、これからの日本の人口は具体的にどのくらいのペースで、どのくらいの規模で減っていくことになるのでしょうか。

国立社会保障・人口問題研究所による人口推計によれば、1年間の人口減少数は早くも東京オリンピックから2年後の2022年には50万人台に達するとされています。その後も人口減少のペースは加速していき、2023年に60万人台、2026年に70万人台、2031年に80万人台、2037年には90万人台、そして2065年になってとうとう100万人の大台に突入するというのです。

出生数と死亡者数の推移をみると、出生数は1949年の270万人でピークを打った後、これまで減少の一途を辿り、2017年の95万人まで落ち込んでいます。その数はこの先も2030年の82万人、2040年の74万人、2050年の66万人、

図表1-2　出生数と死亡数の推移(1900年〜2115年)

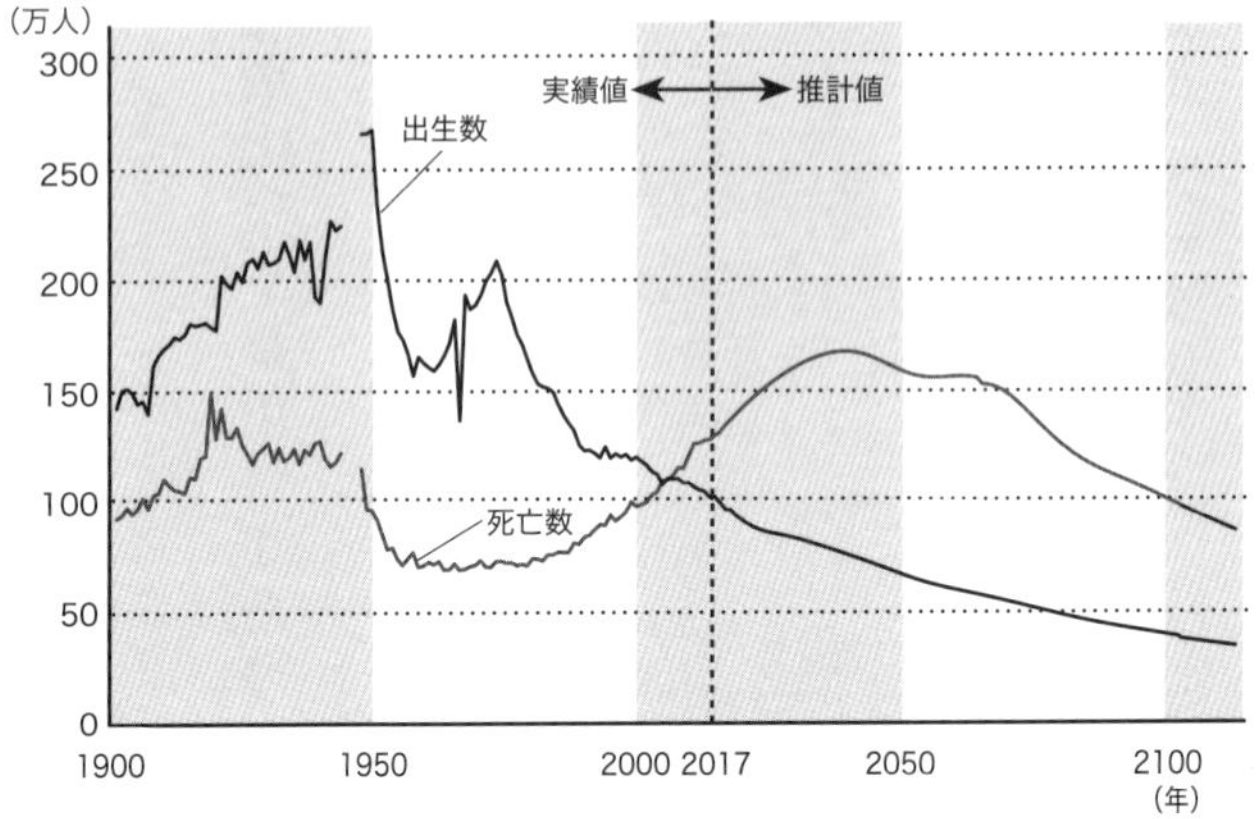

出所：厚生労働省「人口動態調査」、国立社会保障・人口問題研究所「日本の将来推計人口」(死亡中位・出生中位)

２０６０年の58万人と、減り続けていく見通しにあります。

　これに対して、死亡者数は１９８０年代の70万人台から右肩上がりを鮮明にし、２０１７年には１３４万人にまで増加しています。その後は２０３０年に１６０万人を突破し、２０４０年には１６８万人でピークを迎え、２０４９年までは１６０万人台で推移するとされています(図表1-2参照)。

　死亡者数が天井に達する２０４０年から２０６０年までの20年間で、日本の総人口は１８０８万人減ると推計されていますが、単純平均すると年間の減少数は90万人超となります。２０１７

年時点で和歌山県の人口が94万4０００人、香川県の人口が96万7０００人ですから、これらの県が毎年一つずつ消滅するほどのインパクトがあるわけです。

おそらくは日本の歴史はおろか、世界の歴史において、これほどまでに人口が減り続ける事態ははじめてのことです。その意味では、私たち日本人は極めて特異な時代を生きているといえますし、また、世界が日本社会の動向に大きな関心を寄せているのです。


毎年の人口減少数のペースが増加基調にあるなかで、今後の日本の総人口の推移をみていくと、２０２９年に1億２０００万人、２０４２年に1億１０００万人を下回り、いよいよ２０５３年には大台の1億人を割り込むということです。さらには、２０６３年にとうとう９０００万人までも割り込むこととなり、日本の人口は２００８年の1億２８００万人から55年間で４０００万人近く、すなわち3分の1近くも減るという未曽有の事態に直面するというのです。

一人の女性が産む子どもの数が現在の水準で変わらないとすれば、２０７４年には８０００万人、２１００年には６０００万人を下回り、最終的には２３００年～

２３５０年に日本人が１人もいなくなるという計算になってしまうということです。

たしかに、机上の計算ではそのようになるかもしれませんが、現実の世界では日本人がいなくなるということは絶対に起こりえません。実際の推計では、高齢者数が２０４２年を境に少しずつ減っていく過程を追いかけるように、２０６５年を境に総人口に占める高齢者数の比率（高齢化率）が緩やかに下がっていきます。そのうえで、２０７０年代から高齢者数が急激に減少し始めるので、子育て世代の税金および社会保険料の負担が少なくなり、子どもを産みやすい環境に変わっていくことが想定されるというわけです。

ですから私は、政府が多少なりとも少子化対策に力を入れてくれれば、女性一人が産む子どもの数が推計の前提となっている１・４３〜１・４４人から２１００年を前に１・７０〜１・８０人程度まで回復し、２１００年以降の人口減少のペースや規模は今の推計よりもだいぶ緩和されていくのではないかと期待しているところです。ただし、私たちが現実に生きる今後の40年〜50年はかなり厳しい状況が待っていることを覚悟しなければなりません。日本人が１人もいなくなるという計算を、私たちは人口学の強い警鐘と受け取っておくべきでしょう。

出生率の低下が深刻な少子化をもたらす

人口減少の元凶である少子化を測るバロメーターに、合計特殊出生率（一般的には「出生率」といわれている）という指標があります。一人の女性が生涯に出産する子ども数の推計値のことを指していて、現在の人口規模を維持するためには、出生率が2・00（実際には若い年齢での死亡があるので、約2・08を下回ると人口はいずれ減少するといわれている）で推移する必要があります。

そもそも出生率は、終戦間もない第1次ベビーブーム期（1947年～1949年）の1947年には4・54もありましたが、その後は1966年の1・58まで低下の一途を辿っていきました。第2次ベビーブーム期（1971年～1974年）の1971年には2・16まで戻ったものの、その後も緩やかな低下は続き、元号が昭和から平成に替わった1989年にはついに1・57まで下がり、戦後最低だった1966年の1・58を下回ってしまったのです。当時は「1・57ショック」と騒がれたにもかかわらず、その後も政府による抜本的な対策が先送りされてきたために、

図表1-3　合計特殊出生率の推移(1947年〜2065年)

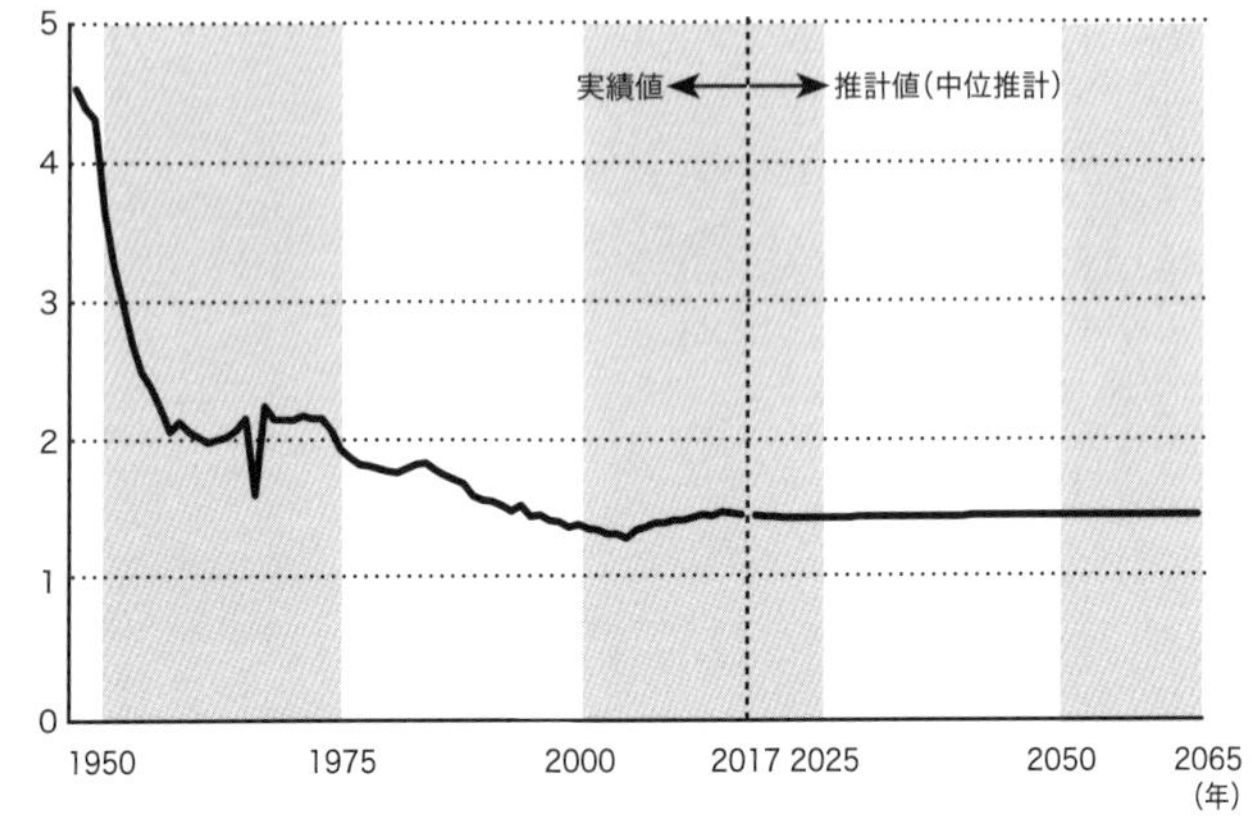

出所：厚生労働省「人口動態調査」、国立社会保障・人口問題研究所「日本の将来推計人口」

出生率は２００５年の１・２６まで下がり続けていきます。２０１５年には１・４５まで緩やかに回復してきたとはいえ、２０１６年に１・４４、２０１７年に１・４３と低水準で推移していることに変わりはありません(図表１-３参照)。

その一方で、出生数は第１次ベビーブーム期（１９４７年〜１９４９年）に２６０万人台と最も多かったのですが、１９６６年におよそ半分の１３０万人台まで急激に減少していきました。その後、第２次ベビーブーム期（１９７１年〜１９７４年）に再び２００万人台まで盛り返しましたが、それ以降は減少の一途を辿って現在に至っています。

その結果、２０１６年の出生数は98万人となり、統計の残る１８９９年以降で節目の１００万人を初めて下回ったのです。２０１７年も95万人と、２年連続で１００万人を下回り過去最少を更新しています。２０１６年～２０１７年の出生数は第１次ベビーブーム期の30％台半ばまで落ち込み、２０１８年以降も減少が続いていくことが避けられない状況にあります。

出生率が２００５年に過去最低の１・２６を付けてから２０１５年～２０１７年に１・４３～１・４５の水準まで緩やかに回復してきたのに、出生数が２００５年の１０６万人から２０１７年の95万人まで10％減と大きく減っているのは、出産適齢期の女性の人口そのものが減ってしまっているためです。出産適齢期とされる20～39歳の女性は２０１７年の時点で１３４８万人となり、２００５年の１６８９万人に比べ20・２％減っているのです。たとえ出生率が奇跡的に2・００に回復したとしても、親の世代より子の世代の人口は確実に減少せざるをえないというわけです。

それでは、これから出産の中核となる20～39歳の女性人口がどのくらい減っていくのかというと、２０１０年の１５８４万人に対して、２０３０年は１１５７万人、

図表1-4　2010年と2060年の20歳～39歳の年齢別女性人口

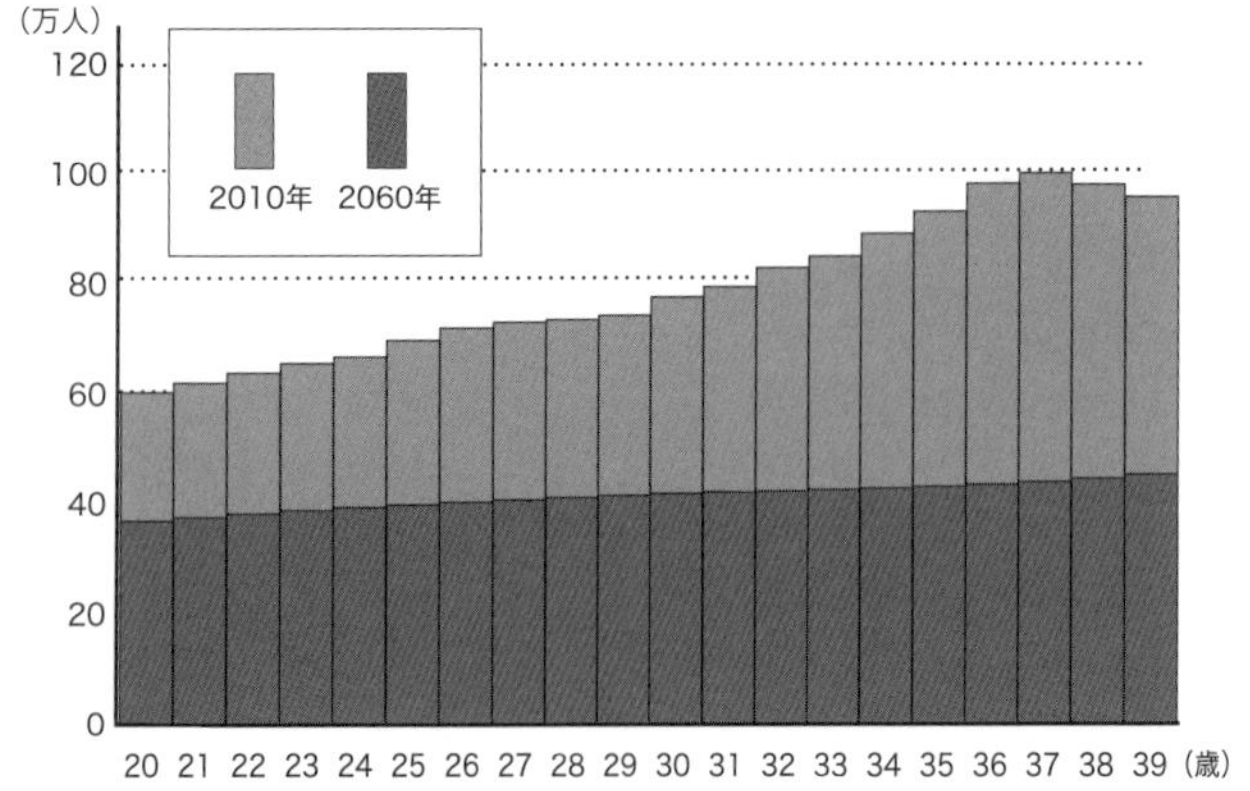

出所：総務省統計局、国立社会保障・人口問題研究所「日本の将来推計人口」

２０４０年は１０５３万人、２０５０年は９３０万人、２０６０年は８３０万人にまで減り、その数は50年間で52・4％と約半分になってしまいます（図表１－４参照）。第２次ベビーブームが終わった１９７５年以降に少子化が進んだことによって、子どもを産む女性の数そのものが大幅に減少し、今後も少子化がさらなる少子化を引き起こすという悪循環に陥ってしまっているのです。

少子化対策をしっかりやれば出生数は増やすことが可能だと呑気なことをいっている政治家の方々が未だに散見されますが、私たちはこの悪循環から抜け出すことは極めて難しい情勢にあるということをしっかりと認識する必要があります。今から国と地方自治体と企業が三位一体となって少子化対策に真剣に取り組んだとしても、２０３０年や２０４０年に出生数を増加させることは不可能であり、できることといえば少子化のスピードを少しでも緩和させることくらいであるのです。

そうはいっても、長年にわたって積み重ねてきた出生率の低下が今後の日本の経済・社会に深刻な悪影響を及ぼすことが避けられない状況下において、少子化を緩和する努力を続けることは非常に大事なことです。何もせずに今の事態を放置し続けたとしたら、本当に人口推計のような悲惨な未来しか日本には待ち受けていないからです。仮に努力の甲斐あって２０３０年代に出生率を２・００以上にまで高めることができれば、出生数が２０７０年代〜２０８０年代に底を打って増加に転じることも考えられるのです（具体的な少子化対策については、第５章で述べたいと思います）。

少子化が進むのは複合的な要因が重なったため

ではなぜ、少子化が深刻な事態になるまで進んでしまったのでしょうか。その要因としては、主に次の6つがあると私は考えています。

少子化の要因①　生き方の多様化

1986年に施行された男女雇用機会均等法によって、女性の社会進出が進展したため、経済的に自立した女性が増え、結婚や出産を前提にする人生が当たり前ではなくなった。

少子化の要因②　高学歴化

要因①とも関連するが、女性の社会進出に伴い、女性の大学進学率が男性と比べても上昇の一途を辿ってきたため、女性の結婚率の低下や結婚年齢の上昇を招いた。

少子化の要因③　経済的な制約

1997年の金融システム危機以降、労働者の賃金が伸びなくなったばかりか、じりじりと下がり続けた。また、90年代以降に行われた一連の労働関連法改正の結果、非正規雇用者が増え続けたため、結婚適齢期で十分な収入を得ることができなくなった若い世代は結婚をためらってきた。

少子化の要因④　子育て環境の未整備

主に大都市圏の問題として、保育所などの託児施設の数が不足しているため、働きたい女性が子どもを産むのを躊躇してきた。

少子化の要因⑤　子育て費用の増大

デフレが20年以上続いていたにもかかわらず、教育費を中心に子育てに関する費用は高騰を続けてきた。そのため、負担の重荷から2人目、3人目の出産をためらう夫婦が増えてきた。

少子化の要因⑥　若い世代の東京圏への一極集中

東京圏は若者にとって就職に有利な大学や就職したいと思う企業が多いため、長期にわたって地方の若者が東京圏へと吸い上げられてきた。ところが、東京圏は生活コストが高いうえに、労働時間が長い傾向があるため、若い世代の結婚率の低下、晩婚化率の上昇、出生率の低下に拍車をかけてきた。

少子化が非常に深刻なレベルにまで進んでしまったのは、様々な要因が複雑に絡み合った結果でありますが、何といっても最大の要因は、経済活動の東京への一極集中にあると、私は確信しています。

総務省の2017年の人口に関する統計によれば、東京圏（東京都、神奈川県、埼玉県、千葉県）の転入超過は11万9779人にのぼり、22年連続の転入超過となっています。その一方で同じ大都市圏でも、大阪圏（大阪府、京都府、兵庫県、奈良県）と名古屋圏（愛知県、岐阜県、三重県）は5年連続の転出超過であり、全国の地方からだけでなく他の大都市圏からも東京圏を目指して若者が流入している現状が明らかになっているのです。

47都道府県別でみても、前年より人口が増えたのは東京（0・73％増）、埼玉（0・28％増）、沖縄（0・26％増）、愛知（0・24％増）、千葉（0・16％増）、神奈川（0・15％増）、福岡（0・04％増）の7都県だけであり、とりわけ東京圏の一都三県には全国から人口流入が続いていることが鮮明になっています（ただし、2017年に出生数が死亡数を上回る「自然増」になったのは全国で沖縄県だけだったことを考えると、転入数が転出数を上回る「社会増」によって人口が増えた他の6都県でも、少子化が確実に進んでいることが浮き彫りになっています）。

これに対して、人口が減ったのは秋田（1・40％減）、青森（1・16％減）、岩手（1・04％減）、山形（1・03％減）、高知（1・01％減）などを上位に40道府県であり、そのうち35道府県では減少幅が拡大しています。地方全体では死亡数が出生数を上回る「自然減」と転出数が転入数を上回る「社会減」の二重の人口減少に苦しんでいるのです。2017年の出生率の上位は沖縄（1・94）を筆頭に、宮崎（1・73）、島根（1・72）、長崎（1・70）、鹿児島（1・69）、熊本（1・67）、鳥取（1・66）、香川（1・65）と並びますが、沖縄以外のいずれの県でも人口減少率が全国平均を大幅に上回っています。人口減少社会といえば高齢者の死亡数増加に目を奪われがちですが、若者の半数が県外に流出する県も多く、長期にわたる社会減の影響のほうが殊のほか大きいのです。

経済活動が活発で雇用が多い東京圏は、地方から若者を吸い上げ続けることで、都市としての高齢化を何とか防いでくることができました。他方で、東京圏に吸い上げられたがゆえに、諸事情から「結婚できない」「結婚が遅い」「子どもをつくらない」という若者が増え続けています。その結果、東京圏の出生率は大阪圏や名古屋圏と比べても著しく低くなっており、日本全体の出生率の低下に拍車をかけ続けているのです。現実に、日本の2017年の出生率1・43と比べても、全国で最も低い東京が1・21、神奈川と千葉が1・34、埼玉が1・36と軒並み低く、東京圏への一極集中が少子化の元凶といっても差し支えない状況をつくりだしているというわけです。

東京への一極集中と大企業の結婚率の低さが元凶だ

多くの地方では若者が高校を卒業すると、その半数は大都市圏に流出するといわれています。大学を卒業しても地元に帰ってくるケースは少ないようです。その副作用として、地方では若者が少なくなり少子化が着実に進むと同時に、高齢者の死亡数が増え続け、人口減少が加速度的に進みつつあります。

その一方で、大都市圏では若者の流入により人口が増えましたが、企業活動が活発なために結婚率の低下と晩婚化率の上昇が併行して進み、若者が多いにもかかわらず少子化が広がってきています。すなわち、地方と大都市圏では次元が違う少子化が二重で進行しているのです。

近年では、東京圏・大阪圏・名古屋圏の三大都市圏のなかでも、東京圏への人口の一極集中が少子化をいっそう深刻なものにしています。地方の若者を東京圏が吸い上げるだけでなく、東京圏では働き方が忙しいうえに生活コストが群を抜いて高いため、結婚率の低下や晩婚化・晩産化の進行、ひいては出生率の低下が悪循環のなかで進んでいるというわけです。

結婚率の低さについては、やはり東京はトップを走っています。都道府県別の2015年の生涯未婚率（50歳まで一度も結婚したことのない人の割合：5年毎に行われる統計）をみてみると、男性の全国平均が23・4％であるのに対して東京は26・1％、女性の全国平均が14・1％であるのに対して東京が19・2％となっています。ここで大いに気にかかるのは、男性よりも女性のほうが全国との差が広がっているということです。子どもを産むことができる女性の生涯未婚率が突出して高いというのは、人口減少の問題を考える時に大元の要因として捉える必要があるからです。

私が大企業の経営者や役員の方々と話をするたびにいつも実感しているのが、東京圏の大企業に勤める女性のなかでも、出産の中核となる20〜39歳の女性の結婚率が恐ろしく低いということです。企業によっては50％を割り込むところも珍しくはなく、大企業に勤める女性が東京圏全体の結婚率、ひいては出生率を大幅に引き下げているという事実もわかってきました。おそらくは東京圏の中小企業に勤める女性の結婚率も、大企業ほど低くはないにしても、地方の企業を大幅に下回る結婚率であるというのは容易に想像することができます。企業の規模にかかわらず、サービス業を中心に長時間労働が常態化しており、たとえ結婚しても子どもを産み育てる費用を考えると、今より生活が豊かになる見込みが薄いからです。

晩婚化・晩産化の進行についても、東京がトップであり続けています。都道府県別で見た２０１６年の平均初婚年齢によれば、男性の全国平均が31・１歳であるのに比べて東京が32・３歳、女性の全国平均が29・４歳であるのに比べて東京が30・５歳となっています。当然のことながら、第一子を産む女性の平均年齢も平均初婚年齢と連動するように、全国平均の30・７歳に対して、32・３歳ともっとも高くなっているのです。おまけに、東京圏では夫婦共働きでないと生活が厳しい家庭が多く、子どもを保育施設に預けられないなど仕事と育児を両立しにくいという負の側面もあります。そういった悪循環の渦に巻き込まれながら、東京の出生率は１・21と全国でも突出して低い数字になっているというわけです。

いずれにしても、若い世代が絶えず東京あるいは東京圏に流入し、その世代の結婚率が低下したのに加えて、晩婚化・晩産化が進んできた影響を受けて、日本全体の結婚率も低下の一途を辿り、晩婚化・晩産化の波も広がっていく情勢となっています。

１９８０年に男性2・6％、女性4・5％であった生涯未婚率は、２０１５年には男性23・4％、女性14・1％と男性が9倍、女性が3倍にまで拡大しています。女性の平均初婚年齢は１９８０年の25・2歳から２０１７年には29・4歳まで延びた結果、女性の第一子出産時の平均年齢も１９８０年の26・4歳から２０１６年の30・7歳と4歳以上も延びています。第一子の出産年齢が上がると第二子以降の出産は減る傾向にあるのは、古今東西、万国共通のことでもあります。かつては多くの女性が20代で第一子を産んでいましたが、今では大半の女性が30歳を過ぎて産むようになったので、子どもを3人も4人も産むのが年齢的に難しくなっています。

改めて申し上げると、出生率の低下に起因する少子化の最大の要因は、東京圏へ経済活動や人口が一極集中することによって、日本全体で結婚する男女が減少し続けているのに加えて、たとえ結婚しても子どもをつくらない、つくっても1人か2人しかつくらないという現状が当たり前のようになっているからです。しかしその当たり前のことが、そう遠くない将来には通用しなくなるということが露わになるでしょう。

東京圏はこれまで地方から若者を思う存分に吸い上げてきましたが、多くの地方では東京圏に先行して少子化が深刻になっているため、これまでと同じペースで若者を供給するのは限界に近づいてきているのです。地方から若い人材の供給が足りなくなり東京圏が若さを保てなくなった時、東京圏の少子高齢化や人口減少が今の東北地方のように猛烈に進んでいくようになるのは、もはや避けられないことでしょう。

政治の先送り体質が少子化を深刻にした

このように、少子化は日本社会の持続可能性を危ぶませる最大の問題ですが、実はこの問題に対してはずっと以前からも警鐘が鳴らされ、多くの議論がなされてきました。出生率が急低下した今から30年ほど前にも、その流れを止めるべき善後策を講じる動きがあったのです。

1989年に出生率が1・57と前年の1・66から急激に低下したうえに、過去の最低値だった1966年の1・58までも下回ったことから、当時の社会では「1・57ショック」として大きな問題となりました。こうした事態を受けて1990年、海部俊樹内閣で戸井田三郎厚生大臣が主宰する「これからの家庭と子育てに関する懇談会」が取りまとめた報告書には、少子化が「深刻で静かなる危機」と表現されるとともに、主な要因として次の2点を指摘し、その解決を急ぐ必要があると分析されていたのです。

①子育てに伴う種々の負担増大が子どもを持つことをためらわせる要因となっている。

②女性の社会進出に伴い、仕事と子育ての両立のために女性の負担が増大していることから、保育サービスの充実や育児休業の普及など働く女性の支援策を早急に拡充することが重要である。

何のことはありません。当時の政府はすでに少子化の問題を「深刻で静かなる危機」と認識していたにもかかわらず、それらの課題を30年近くにわたって放置し続けてきたのです。近年、国民の少子化対策や子育て支援に対する関心が高まってきたことを受けて、政府はようやく重い腰を上げ、「幼児教育の無償化」や「待機児童の解消」を打ち出しているにすぎないわけです。

さらに、内閣に設けられた関係省庁連絡会議が1991年に作成した文書「健やかに子どもを産み育てる環境づくり」では、次のような指摘をしており、まさに今、日本経済が直面している問題をもすでに予見していたことがうかがえます。

●経済全般に対する影響

急速な人口の高齢化の下での出生率の低下は、将来的には生産年齢人口の割合の大幅な低下をもたらし、産業構造、消費市場等に少なからぬ影響を与える可能性がある。

●社会保障への影響

高齢化のスピードは予想以上に速まるとともに、高齢化率も一層高まることにより、現行の行財政制度や社会経済の諸条件を前提とする限り、社会保障の負担が一層増加することとなる。また、高齢化社会における老人介護等の保健福祉マンパワーの確保にも支障が生じる可能性がある。

●労働市場への影響

1990年代半ば以降、若年層を中心に生産年齢人口は減少に転じることが見込まれているが、出生率の低下が21世紀初頭以降の生産年齢人口の減少を加速し、労働力供給面での制約要因になることも懸念される。

このように、少子化に関する問題については、ずっと以前から重大な問題と認識していたにもかかわらず、歴代政権によって先送りが繰り返されてきたため、取り返しがつかない水準にまで問題の影響が拡大してきたことがわかります。30年ほど前の「1・57ショック」以降、1998年の小渕恵三首相にはじまり、2000年の森喜朗首相、2002年と2004年の小泉純一郎首相、2006年の安倍晋三首相、2008年の福田康夫首相といった歴代首相が所信表明演説において、少子化対策の重要性を訴えていたため、少子化対策に本腰を入れて乗り出すきっかけはいくらでもあったはずなのです。

しかし、その後も抜本的な対策が実行されることはなく、出生数は減少傾向に歯止めがかからず、遂に2016年、2017年と2年連続で100万人割れとなってしまいました。「1・57ショック」が起きた1989年でも出生数は125万人だったわけですから、この問題に対していかに政府が無策であったかがおわかりいただけるでしょう。

安倍首相は２０１８年1月の施政方針演説において、現在の少子高齢化を「『国難』とも呼ぶべき危機」と称しましたが、この「国難」は歴代政権が長年にわたって少子化問題の解決を先送りしてきたことによってもたらされた「人災」であります。ここまでに至っては、たとえ抜本的な対策を講じることができたとしても、もはや20年後、30年後の少子化を止めることはできず、緩和するのが精一杯な状況にまで追い込まれてしまったといえるでしょう。

歴代政権の最大の失敗は、少子化を1世代で止められなかったということです。2世代にわたって少子化が継続してしまうと、その負のスパイラルから抜け出すのは極めて難しいからです。このように少子化問題の顛末を見ていると、「政治とは何のためにあるのだろうか」とつくづく考えさせられてしまいます。

何でも先送りでは、この国は重大な危機を迎える

日本の経済・社会に根深い停滞をもたらす主因は、人口減少をもたらす少子高齢化、とりわけ少子化をおいて他にはありません。私たち自身が老いていくので高齢化

は止めようがないですが、先にも述べたように少子化については、少なくとも30年ほど前から抜本的な対策を講じるための機会が何回もあったはずです。それにもかかわらず、政治が少子化を放置し続けることができたのは、国家としては明らかに重大な問題を抱えていても、目先の選挙を気にするあまり先送りを繰り返す傾向が強いからなのです。そして、先送りを繰り返しているうちにいよいよ限界が近づいてきて、国民にとって長い期間の激しい痛みを伴う事態に追い込まれていくというわけです。

過去の事例を振り返ってみると、日本経済が長期にわたって停滞した最大の理由も問題の先送り体質がもたらした結果によるものです。１９９１年に空前の土地バブルが崩壊し、銀行の不良債権が膨らみましたが、私はそれ自体が日本の長期停滞の最大の理由ではあるとは考えていません。なぜなら、勤労者の平均所得はバブル崩壊後も１９９７年までは名目でも実質でも上昇を続けていたからです。バブル崩壊によって株価や地価は大暴落したものの、国民生活の視点に立てば大したダメージは受けていなかったのです。

事態が大きく悪化したのは、１９９７年に金融システム危機が生じてからです。１９９２年に金融機関の不良債権額が最初に公表されて以来、政府は不良債権の問題に対して何も手を打たずに先送りの姿勢を取り続けてきました。そのため、１９９７年に、都市銀行の一つであった北海道拓殖銀行が破綻、それを契機として連鎖的な金融不安、すなわち金融システム危機が起こってしまったというわけです。

金融システム危機の勃発以降、銀行は不良債権を圧縮するために貸し渋りを本格化、その結果として企業の倒産も相次ぐようになり、長期にわたる所得の下落が始まりました。つまり、日本経済の低迷が「失われた20年」と呼ばれるまでに長期化した最大の理由は、銀行の不良債権問題そのものではなく、政府も国会も銀行、企業と示し合わせるように問題の解決を先送りし、無駄に時間を浪費したことによるものなのです。当時の行政の責任者や経営者らが、自己の保身のために痛みを伴う解決に逃げ腰となっていたので、金融システム危機や「失われた20年」という長期停滞も当然の帰結であったといえるでしょう。

「深刻で静かなる危機」とされる少子化の問題と同じように、財政が悪化し続けている問題についても、政治による先送りが繰り返されています。日本の２０１８年3月末時点の政府債務残高は国内総生産（ＧＤＰ）比で２３６％と、１００％前後が多い他の先進国のなかでも極めて突出しています。２０００年度には５３６兆円だった債務残高は2017年度に1088兆円にまで膨らんでおり、日銀が金融緩和策として国債を大量に購入し金利を抑え込んでいなければ、財政は持続が不可能な水準に接近しているといっても過言ではないのです。

財政の持続力を高めるには債務を減らす必要があり、債務を減らすには毎年の支出を税収のみでまかなう「基礎収支の黒字化」が必要ですが、日本ではバブル期以降、基礎収支が黒字化したことはありません。政府はこれまで基礎収支を黒字化する時期を何度も掲げてきましたが、そのたびに時期の先送りを繰り返してきました。2006年に掲げた「2011年度の黒字化」は、2008年のリーマン・ショック後の不況下で断念し、2009年に「今後10年以内の黒字化」へと先延ばししました。2010年には「2020年度の黒字化」を再び掲げ、同年の20カ国・地域首脳会議(G20)で国際公約としましたが、2018年に再び断念し、「2025年度の黒字化」に先送りしています。

ところが、2025年度の黒字化達成は絵に描いた餅だといわざるをえません。税収算定の基となる名目成長率は2020年度から3％超が続くことを前提としていて、同じような経済環境はバブル期から実現していないからです。そのうえ、財政再建を推し進めやすいのは、財政出動の必要性が希薄で税収も拡大する好況期のはずなのですが、２０１２年12月以降の長い好況期にかえって債務が増え続けているという異常事態に陥っているのです。日銀の金融緩和により金利を低水準に抑え込めているうちは、財政危機が表面化することはないでしょう。しかし、日銀が金利を抑え込めなくなった時には、債務が膨張し利払いが困難になるのは目に見えているというわけです。

なぜ、日本の政治では深刻な危機をもたらす重大な問題において、先送りが繰り返されてきたのでしょうか。それは、たとえ本格的な少子化対策や着実な財政再建を実行することができたとしても、その成果が目に見えるかたちで現れるには、早くて20年単位、通常は30年～50年単位の年月を要することになるからです。政治にとって優先されるのは、成果が出るのがずっと先になる政策ではなくて、目先の選挙で投票してもらえる政策を実行することです。したがって、歴代政権は目先の痛みが先行するばかりの政策を掲げるよりも、すぐに恩恵が実感できるバラマキ的な政策を優先し、国家を左右する深刻な問題に関しては真剣に取り組もうとはしてこなかったのです。

そのような背景には、とにかく日本が他の先進国と比べて国政選挙が多いということがあります。２０１７年までの過去10年間で、アメリカの大統領・議会選は5回、イギリスやドイツの議会選は3回、フランスの大統領・議会選は2回であったのに対して、日本の衆参両院の国政選挙は7回も行われているのです。おまけに２０１３年以降、長期政権の維持・延命のために選挙に勝つタイミングだけを見計らって衆院の解散総選挙（２０１４年と２０１７年の衆院選がそのケースにあたる）が使われている節があります。選挙は民主主義のもとで国民の声を吸い上げる重要な機会であり、本来であればそれが多いことは好ましいことなのかもしれませんが、近年は選挙のたびに民主主義が劣化していっているように感じています。

深刻な税収不足と社会保障費の膨張は止まらない

日本の人口減少がいっそう深刻なのは、高齢化の問題とセットになっていることです。今後、日本は総人口の減少数に比べて生産年齢人口（15～64歳）の減少数がかなり多くなるのに加えて、高齢者人口（65歳以上）の数が25年近くも増え続けていくと予想されています。すなわち、生産年齢人口の過度な減少によって所得税・住民税・社会保険料などの歳入が不足する傾向が強まる一方で、高齢者人口の増加が続くことで年金・医療・介護などの社会保障費が膨張していくのが避けられない見通しにあるのです。

日本の人口減少数は年々加速の度合いを増していき、２０３０年の総人口は２０１７年と比べて５・９％減、生産年齢人口は９・３％減になると推計されています。さらに２０６０年の総人口は26・６％減、生産年齢人口は36・８％減になると見積もられています。概していえば、日本における人口減少の大半は、生産年齢人口の減少によって生じているというわけです。

生産年齢人口は１９９５年に８７１６万人でピークを迎えた後、２０１７年に７５９６万人まで減少し続けています。この22年間で総人口は減っていないにもかかわらず、生産年齢人口は１１２０万人も減った計算（1年に50万人超の減少）になっているのです。今後はその減少数にいっそうの拍車がかかり、２０２９年に７０００万人を下回り、２０４０年には６０００万人、２０５６年には５０００万人を割り込むことになると見られています。そしてついに、生産年齢人口は２０６９年にピーク時

図表1-5　年齢階層（3区分）別人口の推移（1920年～2115年）

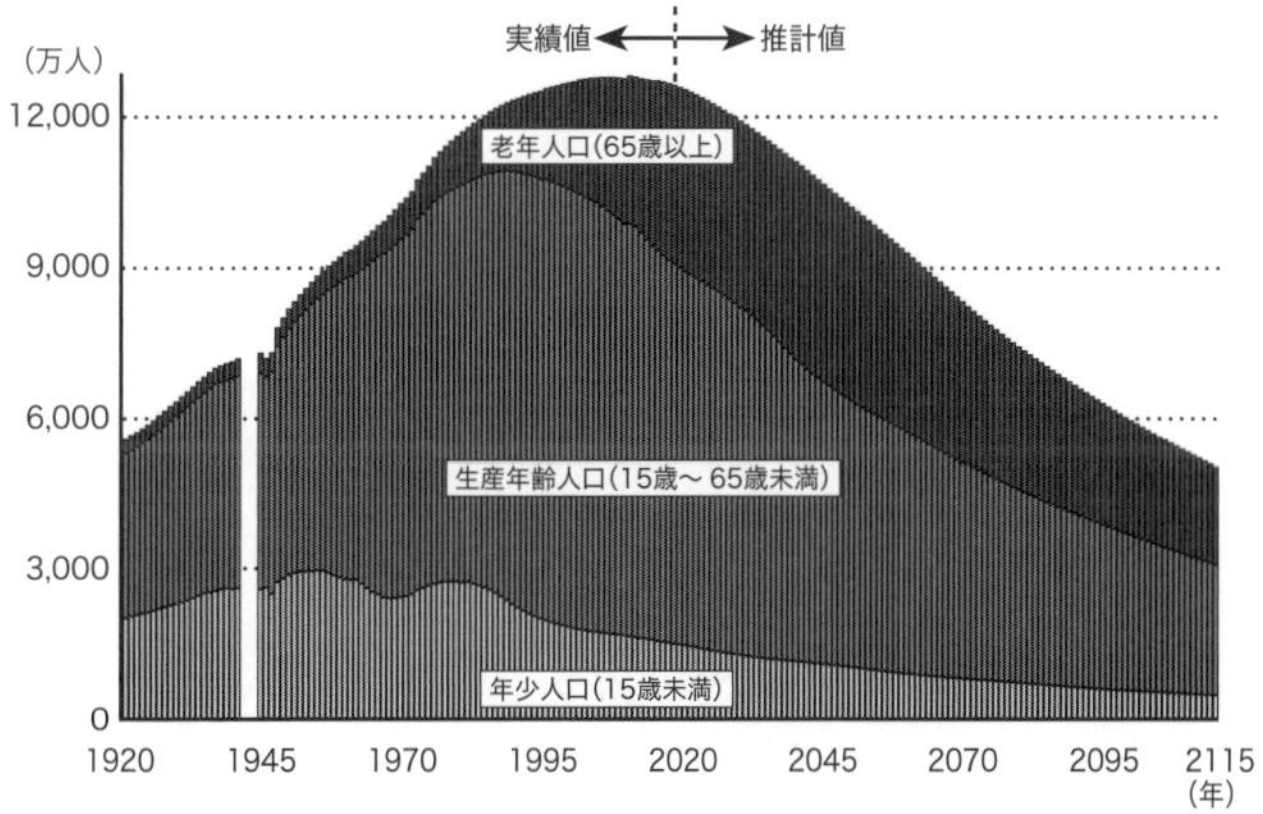

出所：総務省統計局、国立社会保障・人口問題研究所「日本の将来推計人口」

の約半分である4327万人にまで減少すると推計されているのです（図表1-5参照）。

当然のことながら、生産年齢人口の減少数と関係性があるように、1991年のピーク時に69・8%だった生産年齢人口の総人口に対する比率は、2017年に節目の60%を下回るようになり、2065年には51・4%程度まで減少していくことが見込まれています。働く人々の中核を担う人口やその比率が減り続けていくというのは、国や地方自治体の税収だけでなく社会保険料の収入も減り続けていくということ、すなわち財政の持続可能性が危ぶまれる事態になっていくということを意味しています。

生産年齢人口が減少の一途を辿っていくのに対して、それに反比例するように高齢者人口は増加し続けていく見通しにあります。2017年の高齢者人口は3515万人にのぼり、過去最高を更新し続けているのです。高齢者人口は2042年のピーク時には3936万人まで増え続けると見られています。高齢者数が2042年にピークを迎えるのは、団塊世代(1947年~1949年生まれ)に次いで人口数が多い団塊ジュニア世代(1971年~1974年生まれ)がすべて高齢者となってしまうためです。

高齢者人口の増加というのは、総人口に占める高齢者の比率を示す「高齢化率」の上昇にも結び付いていきます。団塊世代が2012年に65歳に到達し始めてから高齢化率は急速に上がり、2017年の高齢化率は27・7%まで上昇、過去最高を更新し続けています。その後の高齢化率は2036年に33・3%(3人に1人が高齢者)に達し、2042年には36・1%(2・8人に1人)、2065年には38・4%(2・5人に1人)とピークに到達するまで上昇し続けていくというのです。

世界保健機関（WHO）の定義では、高齢化率が7％超では「高齢化社会」、14％超では「高齢社会」、21％超では「超高齢社会」とされていますが、日本はすでに世界で唯一の超高齢社会に突入しています。そういった意味では、これからの日本がいかに特異な社会を迎えようとしているのか、みなさんには理解してもらえるでしょう。

さらに日本が厳しいと思われるのは、これから65歳以上の高齢者人口が増えていくと同時に、75歳以上の後期高齢者人口の増加が著しくなっていくということです。先に述べたように、2017年の高齢化率は27・7％でありますが、75歳以上の後期高齢者の比率は13・8％とすでに高齢者全体の2分の1を占めるまでになっているのです。今後は前期高齢者（65〜74歳）の人数も比率も頭打ちが近づいていく代わりに、後期高齢者の人数や比率が飛躍的に高まり続けていくことが見込まれています。ですから、日本の高齢化は2017年を境に、新しい局面に入ったといえるでしょう。

人口ピラミッドの推移をみてみると、2010年の老年人口（＝高齢者人口）23・0％の内訳は、前期老年人口（＝前期高齢者人口）が51・9％、後期老年人口（＝後期高齢者人口）が48・1％となっています。しかしその後は、後期老年人口の比率が際立って上昇し続けることとなり、2060年には老年人口38・1％のうち、後期老年人口

図表1-6　人口ピラミッドの変化

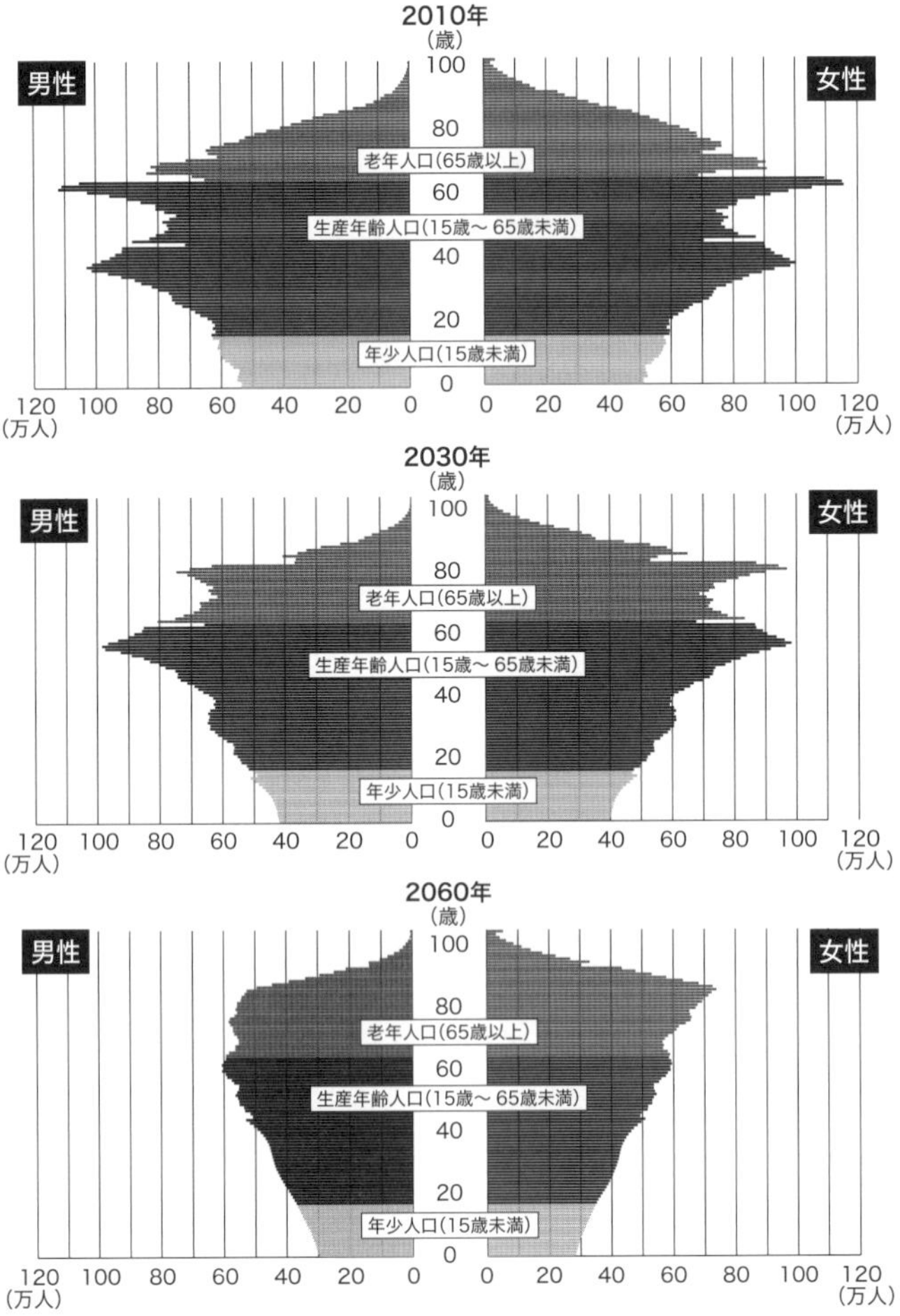

出所：総務省統計局、国立社会保障・人口問題研究所「日本の将来推計人口」

は67・4%と前期老年人口32・6%の2倍以上に高まっていくのです（図表1-6参照）。後期高齢者になると寝たきりや認知症など身体的な衰えが強まる傾向となり、社会保障費の膨張を引き起こすのが避けられない情勢となっていくというわけです。

日本は1945年の敗戦後、団塊の世代と団塊ジュニア世代が大人になっていくにつれて、生産年齢人口が順調に増加していきました。その時期を通して、年少人口（＝未成年）と老年人口（＝高齢者）の双方が少なかったために、生産年齢人口が生み出した社会の富を年少人口の教育や老年人口の社会保障にあまり使わずに済んでいたのです。そこで残った多くの富を企業が国内投資に、国民が消費に回すことができたので、日本は1950年代〜1970年代に高い経済成長率を達成することができたというわけです。

そもそも、1965年には現役世代9・1人で65歳以上の高齢者1人を支えていたので、現役世代一人あたりの負担は大して重くはありませんでした。ところが少子化が進むのに従い、2000年には3・5人に1人、2015年には2・3人で1人を支えるまでに負担が重くなっていったのです。生産年齢人口の減少が定着したなかで高齢者が増え続けていくようになれば、生産年齢人口が生み出した富のうちのかなりの部分が社会保障に振り向けられるようになります。企業は将来の人口減少による需要減を見越して国内での投資を控え、国民は将来の不安に備えて貯蓄を優先し消費を抑えるようになっていったのです。

この先、2030年には現役世代1・9人で高齢者1人を、さらに2060年には1・4人で1人を支えるという社会が訪れようとしています。その結果として、国内での投資や消費に回るお金は縮小の一途を辿り、日本の経済成長率は1・0％未満が標準となる経済構造が固定化しようとしているのです。政府は少子高齢化を乗り越えるための経済政策を推し進めようとするでしょうが、これから少子高齢化が進む国々では、日本の経済政策が成功するにしても失敗するにしても、貴重な教訓として学ばれるようになっていくはずです。

いずれにしても、日本は2042年に高齢者数がピークに達し、2065年に高齢化率がピークを迎える見通しにあります。人口減少や高齢化の悪影響が深刻化するとみられるのが、2030年代後半からの30年〜40年の期間です。その激動の時期に入ってから、果たして私たちの社会システムは維持することが可能なのでしょうか。経済システムにはどの程度の悪影響があるのでしょうか。人口減少と高齢化が行き着く先にどのような社会や経済が待ち受けているのか、次章では私が想定できるかぎりの具体的な内容を述べたいと思います。

第2章

私たちの社会はどう激変するのか

今のままでは、日本は「２０４２年問題」を乗り越えられない

私も一人の国民として２０２０年の東京オリンピックは是非とも成功させてほしいのですが、その後の日本には厳しい道のりが待ち受けているので、浮かれている余裕はないように思われます。税金や保険料を負担する現役世代が減少するのに相反して、年金や社会保障を受ける高齢者の数は増加し続けるからです。このままの状態を放置しておけば、国民の暮らしや老後を守る社会保障費がまかないきれなくなり、現行の社会システムが危機に陥ってしまうのです。

日本は高齢化の進展により、今の社会保障の水準を維持しようとすれば、これから25年ほどにわたって年金や医療、介護にかかる費用が増え続けていきます。初めの大きな難局と見られているのが、１９４７年～１９４９年生まれの団塊世代がすべて75歳を迎える「２０２５年問題」です。８００万人いるといわれる団塊世代がすべて後期高齢者となる２０２５年を境に、社会保障費がますます膨らんでいくことが避けられない情勢となっているのです。

その後、全人口の3人に1人が高齢者となる2036年を経過すると、次の大きな難局と見られているのが、団塊ジュニア世代がすべて高齢者となり、高齢者数が3936万人とピークを迎える「2042年問題」です。高齢者の絶対数が増え続けていけば、社会保障サービスの絶対量も増え続けていかざるをえないからです。全人口に占める高齢者の割合は2042年以降も伸び続けていくものの、高齢者向けサービスは絶対数がもっとも多くなる2042年前後に照準を定めていく必要があります。この頃に社会保障費もピークに達する可能性が高いといえるでしょう。

政府が2018年5月に公表した「2040年を見据えた社会保障の将来見通し」によれば、2018年度の社会保障給付費が121・3兆円（対GDP比で21・5％）であるのに対して、2025年度は140・2～140・6兆円(同21・7～21・8％)と1・15～1・16倍に、2040年度は188・2～190・0兆円（同23・8～24・0％）と1・55～1・56倍に膨れ上がるといいます。とりわけ伸びが顕著なのが医療費と介護費であり、2018年度と比べて医療費は2025年度が1・21～1・22倍、2040年度が1・75～1・76倍に、介護費は2025年度が1・43

倍、2040年度が2・41倍にまで膨らむとされているのです（図表2-1参照）。

この推計で重要なのは、2018年度に対GDP比で21・5％である社会保障給付費が、2040年度には23・8～24・0％にしか増加しないということです。「対GDP比で見た社会保障給付費はあと20年あまりで2・3～2・5％上昇するが、この程度の上昇であれば財政に問題はない」ということが、政府が国民に向けて最もいいたい内容なのです。

2018年度のGDP推計値は564・3兆円であるので、2040年度における社会保障給付費の増加分は13～14兆円（＝564・3兆円×2・3％または564・3兆円×2・5％）に相当します。消費税を1％上げると税収は2・0～2・5兆円の範囲内で増えますが、消費増税でこの13～14兆円分をまかなうためには、税率を現在の8％から5～7％（税率を13～15％に）引き上げなければならないということを意味しています。そのうえ、財政赤字が毎年30兆円程度増えている（今の社会保障給付は多くを赤字国債でまかなっている）現状を踏まえると、遅かれ早かれ消費税率は現在の8％から25～30％（現行8％＋社会保障費増加分5～7％＋財政赤字をゼロにする分12～15％）にまで引き上げる必要があります。

図表2-1　社会保障給付費の見通し（経済ベースラインケース）

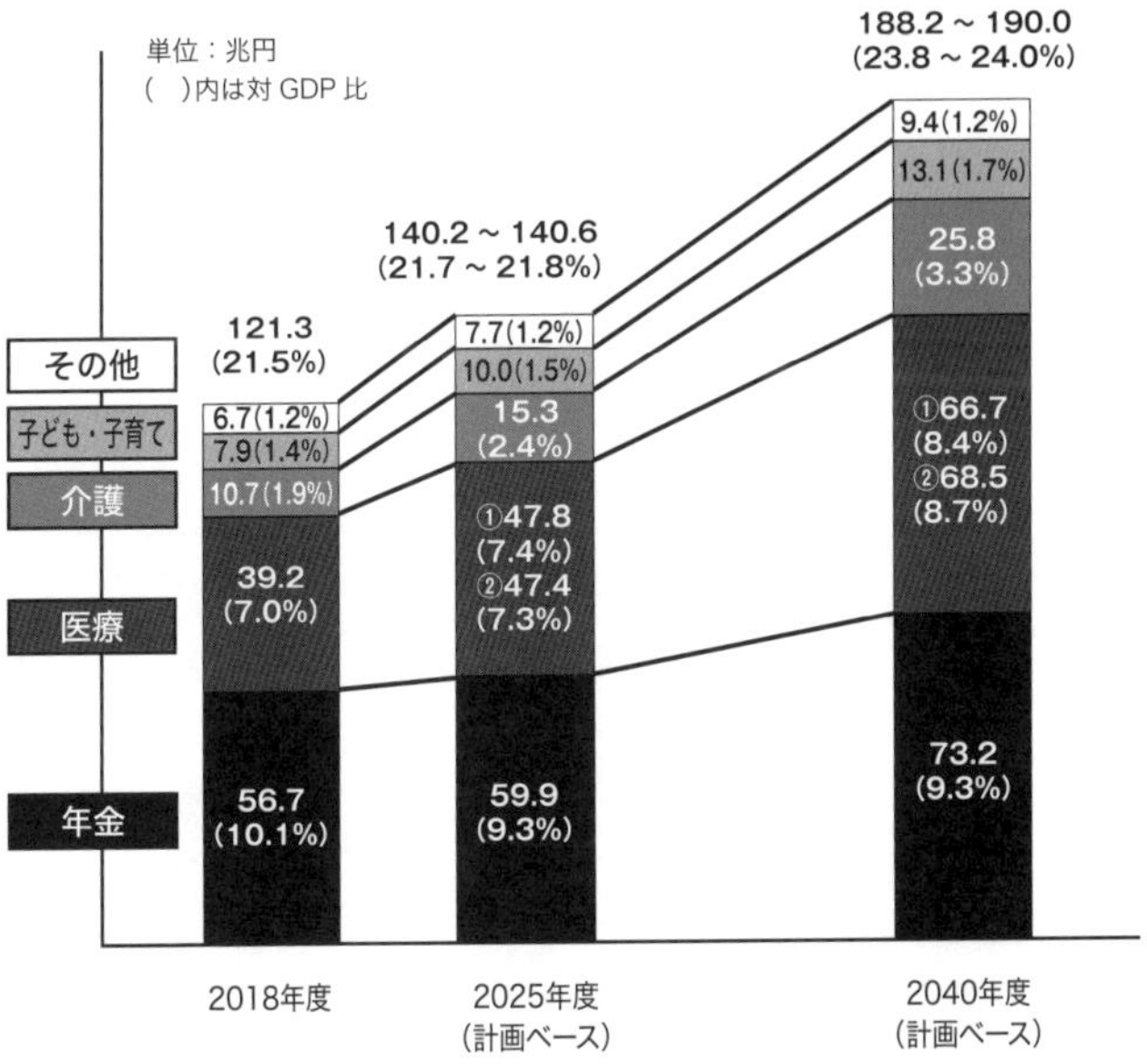

	2018年度	2025年度（計画ベース）	2040年度（計画ベース）
GDP：	564.3兆円	645.6兆円	790.6兆円
保険料負担：	12.4%	12.6%	13.4～13.5%
公費負担：	8.3%	9.0%	10.1～10.2%

経済の前提（経済ベースライン）

年	2018	2019	2020	2021	2022	2023	2024	2025	2026	2027	2028～
名目経済成長率	2.5%	2.4%	2.2%	1.9%	1.8%	1.8%	1.8%	1.8%	1.8%	1.7%	1.3%

出所：内閣官房、内閣府、財務省、厚生労働省「2040年を見据えた社会保障の将来見通し」

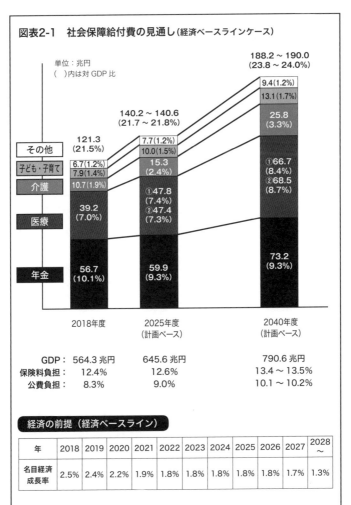

しかしながら、この政府の推計には大きな落とし穴があることを忘れてはいけません。というのも、名目ＧＤＰ成長率が２０１８年度〜２０２７年度の10年間は平均で２・０％、２０２８年度以降は毎年１・３％と、過大に見積もられて計算されているからです。１９９８年度から２０１７年度の20年間において、名目ＧＤＰ成長率の平均は０・２２％に過ぎないにもかかわらず、推計の元となる名目ＧＤＰ成長率が今後10年はその９倍以上、11年目以降は約６倍で推移するというのは、うまく数字の帳尻を合わせるためにやっているとしか考えられないのです。

社会保障給付費の対ＧＤＰ比を過度に低く見せるためには、どうしても名目ＧＤＰ成長率を高く見積もる必要があります。仮に名目ＧＤＰ成長率を日本の潜在成長率とされる１・０％で計算したら（これでも高く見積もっているかもしれませんが）、２０４０年度の社会保障給付費は対ＧＤＰ比で27・５％まで跳ね上がります。すなわち、２０１８年度の対ＧＤＰ比21・９％から5・６％も上昇し、社会保障給付費をまかなうための不足分は31兆円（＝５５４・２兆円×５・６％）にも膨らむのです。これを消費増税ですべてまかなおうとすれば、税率を今より13〜16％（税率を21〜24％に）引き上げなければならないというわけです（図表２−２参照）。

図表2-2　社会保障給付費の見通し（経済成長率が1.0%と仮定したケース）

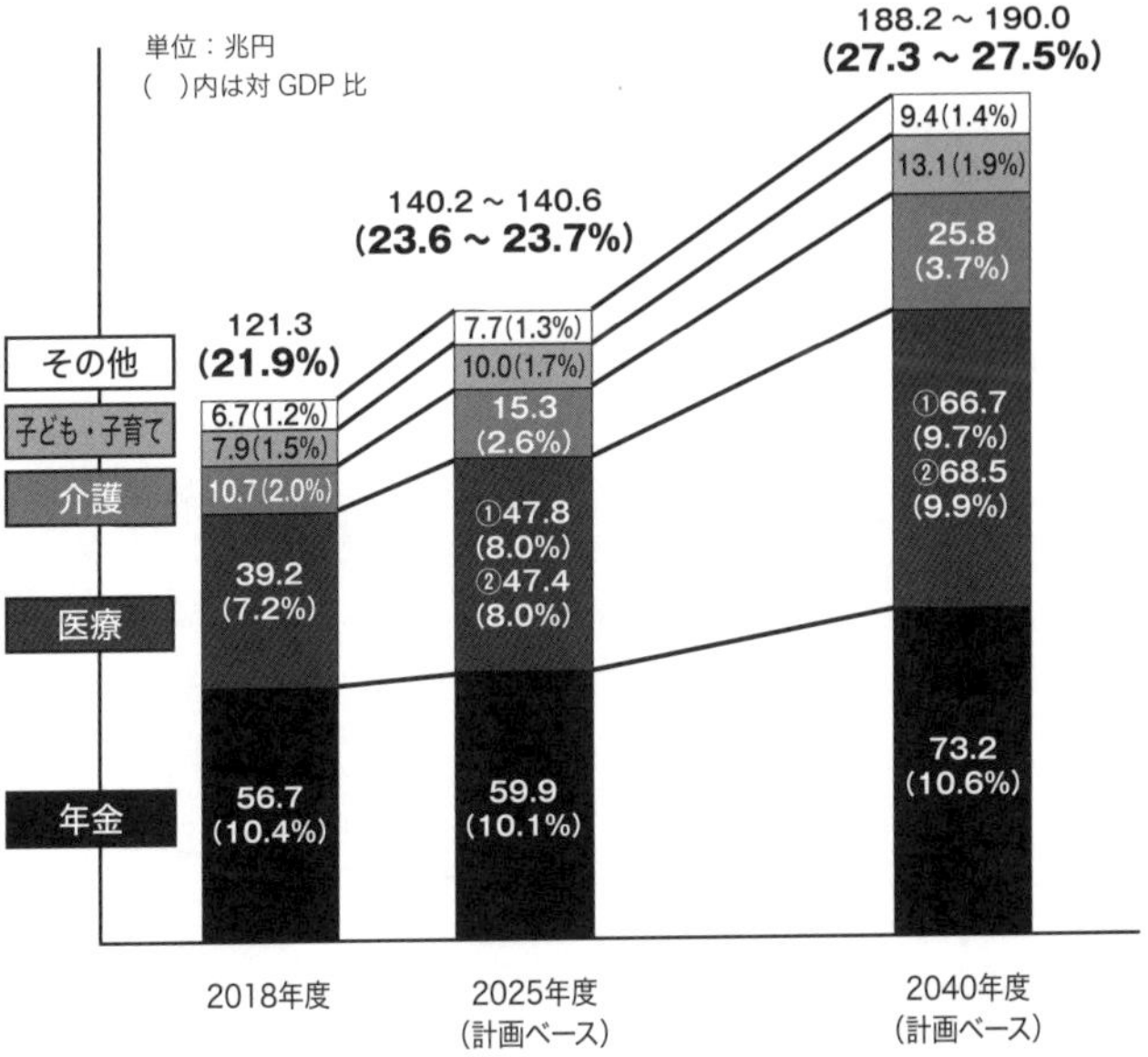

	2018年度	2025年度（計画ベース）	2040年度（計画ベース）
GDP：	554.2 兆円	594.1 兆円	689.8 兆円
保険料負担：	12.4%	12.6%	13.4 ～ 13.5%
公費負担：	8.3%	9.0%	10.1 ～ 10.2%

経済の前提

年	2018	2019	2020	2021	2022	2023	2024	2025	2026	2027	2028～
名目経済成長率	1.0%	1.0%	1.0%	1.0%	1.0%	1.0%	1.0%	1.0%	1.0%	1.0%	1.0%

出所：著者の推計による

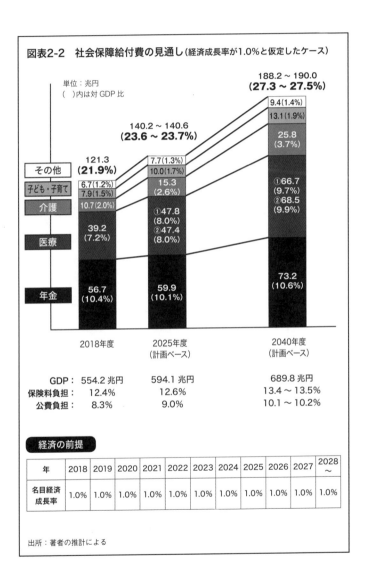

さらに、財政赤字が増えないようにするためには、最終的に消費税率は33〜39％（現行8％＋社会保障費増加分13〜16％＋財政赤字をゼロにする分12〜15％）まで引き上げる必要があります。さすがにそこまでの引き上げは現実的に極めて難しく、消費税だけで社会保障費の穴埋めをするのは不可能だというわけです。高齢者数が頂点に達する「２０４２年問題」に向かっていく過程では、お金がいくらあっても足りなくなるのは目に見えていて、日本は自転車操業というべき事態に陥ってしまうのではないでしょうか。

それでは、政治はどうやってこれから不足する社会保障費を捻出していくのでしょうか。消費税を何回かに分けて引き上げていくのはいうまでもなく、働く現役世代は所得増税や社会保険料の引き上げを余儀なくされますが、それだけで社会保障費の財源を補えるはずもなく、最終的には高齢者の年金の減額や医療費・介護費の自己負担増額などで対応せざるをえなくなるでしょう。当然、与党が選挙に勝利するためには国民に対する目先の痛みはできるだけ避けたいという考えから、現役世代と高齢者の双方に大幅な負担増を強いることは避けたいはずです。そのようなわけで、国民への負担は世論を見ながら段階的に増やしていくことになるでしょう。

しかし、これまでの延長上の考えでは、現行の社会保障システムを維持できないのは明らかです。現実をしっかりと直視した推計をすれば、現役世代一人あたりの社会保障に関する年間負担額は、２０４０年度には今より少なくとも３割増、通常は４割増を覚悟しなければならないということです。今でもすでに現役世代の負担が限界に近づきつつあるなかで、果たしてそのような負担増を一方的に求めることが可能なのでしょうか。高齢者数が増え続けていく２０４２年に向けて、日本は経験したことのない選択を迫られることだけは間違いないでしょう。

所得増税は中間所得層にも広がっていく

会社員（会社役員を含む）の場合、はじめに年収といわれる「収入金額」から、必要経費とみなされる「給与所得控除」を差し引いて「所得」を出します。次にその所得から、社会保険料控除、生命保険料控除、配偶者控除などの「所得控除」を差し引いて「課税所得金額」を出します。その課税所得金額に税率を掛け、そこから控除

図表2-3　所得税の速算表（2015年分以降）

課税される所得金額	税率	控除額
195万円以下	5%	0円
195万円を超え　330万円以下	10%	97,500円
330万円を超え　695万円以下	20%	427,500円
695万円を超え　900万円以下	23%	636,000円
900万円を超え　1,800万円以下	33%	1,536,000円
1,800万円を超え 4,000万円以下	40%	2,796,000円
4,000万円超	45%	4,796,000円

出所：国税庁

金額を差し引いたものが「税額」となるのです。たとえば、課税所得金額が700万円の人の場合、その所得税額は「700万円×0・23−63万6000円＝97万4000円」となります（図表2−3参照。※ちなみに住民税の計算は、課税所得金額に一律で10％の税率を掛けたものが税額となります）。

この所得税ですが、国税庁の統計を見ると、高所得者層からの税収の割合が大きいことがわかります。2015年の統計では、年収1000万円超の高所得層は209万人で全体の4・3％にすぎないのに、所得税額は4兆4298億円と全体の50・2％を占めるまでに増大しています。年収１０００万円超が全体の５・７％、所得税額が全体の41・３％を占めていた２０００年と比べると、年収１０００万円超の人は減少しているにもかかわらず、所得税額に占めるシェアが上がっていることがわかります。

なぜ、このような偏りがあるのかというと、２０００年以降、定期的な所得税制の改正があるたびに、年収１０００万円超の高所得層の税負担を増加させていったからです。低所得層や中所得層への増税は反発が大きいため、あまり文句を言わない高所得者から取るという発想で税制の改正を繰り返してきたのです。高所得層への所得増税は具体的には、従来は年収に応じて逓増的に控除が増加する仕組みだった給与所得控除に上限額を設けると同時に、その上限額を段階的に引き下げることによって進められてきました(図表2-4参照)。

２０１３年分以降の４回の所得税制の改正を振り返っても、高所得層の給与所得控除の上限額を、２０１３年分からは年収１５００万円超を２４５万円に引き下げたのに続いて、２０１６年分からは年収１２００万円超を２３０万円に引き下げていきます。さらには、２０１７年分からは年収１０００万円超を２２０万円にまで引き下げたため、現時点では１０００万円超の高所得層に対して、負担の偏りが顕著に表れているのです。

この結果、現在の所得税は、夫婦のうち一人が働いて子どもが二人いる４人世帯においては、年収が９００万円から１０００万円に増える時の負担が特に重いといわれています。社会保険料を含めた試算に基づけば、年収が１００万円増えたとしても可処分所得は半分の50万円も残らないという状況なのです。

このようななか、２０１７年12月には、年収８５０万円超の会社員までもが所得増税の対象になることが決定しました。２０２０年

図表2-4　給与所得控除の変遷

給与等の収入金額	2012年分	2013年分〜2015年分	2016年分	2017年分〜2019年分	2020年以降分
162.5万円以下	65万円				55万円
162.5万円超180万円以下	収入金額×40%				収入金額×40%−10万円
180万円超360万円以下	収入金額×30%+18万円				収入金額×30%+8万円
360万円超660万円以下	収入金額×20%+54万円				収入金額×20%+44万円
660万円超850万円以下	収入金額×10%+120万円				収入金額×10%+110万円
850万円超1,000万円以下					195万円（上限）
1,000万円超1,200万円以下	収入金額5%+170万円	収入金額5%+170万円	収入金額5%+170万円	220万円（上限）	
1,200万円超1,500万円以下			230万円（上限）		
1,500万円超		245万円（上限）			

出所：国税庁

分以降の給与所得控除の上限額が、現在の年収1000万円超の220万円から、年収850万円超の195万円に引き下げられるというのです。家族に22歳以下の子どもや介護が必要な親がいる人は増税の対象から外すそうですが、増税の対象者は年収900万円で1万5000円、1000万円で4万5000円、1500万円で6万4500円といった具合に、税額がアップするということです。

このままの流れに従えば、所得増税の対象がさらに下の所得層に拡大していくことは間違いありません。政府はかつて高所得層から所得税を搾り取るだけ搾り取ろうという考え方だったのですが、今では広く薄く取っていこうという発想に転換していきます。おそらくは、2020年代前半には700万円超の会社員が次の増税の対象になっていくでしょうし、2020年代後半には600万円超や500万円超の中間所得層にまで所得増税の波が押し寄せてくるでしょう。現役世代の所得増税は世論の反発を受けないように注意を払いながら、2030年代には平均的な所得層にまで浸透していくことになるのではないでしょうか（図表2–5参照）。

所得税の増税の流れに加えて、今後少子高齢化が一段と進むなかで、消費税の税率

図表2-5　給与所得控除の今後のシナリオ

決定済み ←→ 考えられる今後のシナリオ

<table>
<tr><th>給与等の
収入金額</th><th>2017年分～
2019年分</th><th>2020年分</th><th>2020年代
前半</th><th>2020年代
後半</th></tr>
<tr><td>162.5万円以下</td><td>65万円</td><td>55万円</td><td>50万円</td><td>45万円</td></tr>
<tr><td>162.5万円超
180万円以下</td><td>収入金額×40%</td><td>収入金額×40%
−10万円</td><td>収入金額×40%
−5万円</td><td>収入金額×40%</td></tr>
<tr><td>180万円超
360万円以下</td><td>収入金額×30%
+18万円</td><td>収入金額×30%
+8万円</td><td>収入金額×30%
+3万円</td><td>収入金額×30%
−2万円</td></tr>
<tr><td>360万円超
500万円以下</td><td rowspan="2">収入金額×20%
+54万円</td><td rowspan="2">収入金額×20%
+44万円</td><td rowspan="2">収入金額×20%
+39万円</td><td>収入金額×20%
+34万円</td></tr>
<tr><td>500万円超
660万円以下</td><td rowspan="4">185万円
(上限)</td></tr>
<tr><td>660万円超
850万円以下</td><td rowspan="2">収入金額×10%
+120万円</td><td>収入金額×10%
+110万円</td><td rowspan="3">190万円
(上限)</td></tr>
<tr><td>850万円超
1,000万円以下</td><td rowspan="2">195万円
(上限)</td></tr>
<tr><td>1,000万円超</td><td>220万円
(上限)</td></tr>
</table>

出所：2020年分までは国税庁。以降は著者作成

も引き上げざるをえないでしょう。

所得税の増税が中間所得層にも広がろうとしているなかで、社会保障システムを持続するためにはむしろ、消費税に依存する度合いが高まることは避けられません。先ほどの述べたように、日本経済の身の丈に合った成長率に基づいた試算をすれば、20年あまり後の社会保障費の増加分をまかなうためには、消費税を今より13～17%（税率を21～25%に）引き上げる必要があります。それに加えて、将来的には財政赤字を拡大しないという政府の方針も満たそうとすれば、

最終的には税率を33～40％（現行8％＋社会保障費増加分13～17％＋財政赤字をゼロにする分12～15％）まで引き上げなければならないのです。

ところが、そのような税率の引き上げは政治的にも経済的にも不可能です。政府の推計が社会保障費の増加分を意図的に過小に計算していたという結果が明らかになるまでは、甘すぎる推計に基づいて消費税率を2040年までに5～7％引き上げればいいというコンセンサスが国民全体に共有されているかもしれません。おそらくは、誰の目から見てもあと10年もすれば過小の推計をしていたことが露わになるのでしょうが、それまでは2019年10月の2％引き上げに続いて、2020年代にあと1回（2～3％）の引き上げが精一杯なのではないでしょうか。

これらに加えて、今後は社会保障とは直接関係ない税金の増税や新設が相次ぐ見通しにあります。たばこ税では紙巻きたばこが2018年10月から4年かけて1箱あたり最大60円の増税になり、加熱式タバコも2018年10月から5年かけて紙巻きタバコに課せられている税金の7～9割にまで引き上げるといいます。さらに、2019年1月からは国際観光旅客税という新しい税金が新設され、日本を出国する邦人や訪日外国人観光客などは一人あたり1回1000円の負担を求められるようになります。

また、2024年度からは森林環境税という新税も課税されることが決まっています。住民税に一人あたり年間1000円を上乗せして課税されるそうですが、1000円という単位ならば多くの国民が反発するリスクは抑えられるので、「広く・薄く」の発想のもと、今後もこういった小額で課税される新税がいくつも誕生する可能性が高いでしょう。

社会保険料の引き上げは負担の限界に達する

社会保険料の増額については、先に述べた各種の増税よりも負担が大きいものとなるのは間違いありません。その一因として、社会保険料の引き上げに対しては、国民は比較的寛容だという点が挙げられます。

たとえば、消費税率を引き上げようとすれば世論の猛反発を受け、政治家は目先の選挙を意識してできるだけ引き上げを先送りにしようとします。ところが、「社会保険料＝税金」という意識が国民の間では薄いため、引き上げてもあまり大きな問題として取り上げられません。というのも、納税者の約9割を占める会社員の社会保険料は給与から天引きされるので、給与明細のなかの厚生年金や健康保険の徴収額が増えていることに気づいていない人も多いからです。たとえ気づいていたとしても、決して自ら納めに行くことがないので、負担額が増えても実感しづらいという側面もあります。

ですから、社会保険料は本質的に税金と同じであるにもかかわらず、所得の多い少ないにかかわらず、会社員は増税への反発の声が弱くなる傾向にあります。つまり、保険料を徴収する側からすれば、着実に引き上げ続けることができるため、まずは会社員にしわ寄せが起こるのをわかったうえで、保険料の引き上げをしようとするわけです。

政府は２００４年に年金制度について、「保険料を２００４～２０１７年まで14年にわたって引き上げ続ける代わりに、所得代替率（高齢者が受け取る年金額が現代世代の所得の何割なのか、それを表す比率）50％を維持できる１００年安心の制度をつくる」と国民に約束しました。その結果として、厚生年金の保険料率は２００４年１月の13・５８％から段階的に引き上げられ、最後の引き上げとされる２０１７年９月には18・3％まで上昇しています。

年金制度とは関係ないものの、同じ期間の健康保険の保険料率（協会けんぽ平均・介護保険も含む）も9・31％から11・5％にまで上昇しています。雇用保険や労災保険も含めた全体の社会保険料率は25・14％から31％まで上昇していて、会社員が天引きされる社会保険料は実に給与の15％を超えるまでになっているのです（会社員の場合、社会保険料率は労使で折半して納付します）。

国は今のところ、厚生年金の保険料率は今後も現在の18・3％に固定されると公表していますが、これから少子高齢化が本格化していく状況のなかで、社会保障の財源が本当に維持できるのでしょうか。

今後20年あまりの社会保障費の伸びを考えれば、厚生年金は25％（現在は18・3％）、健康保険は15％（現在は11・5％）まで保険料率が上がり、雇用保険や労災保険を含めた社会保険料全体の料率は40％に達していることも想像に難くはありません。すなわち、給与の20％を超える保険料が天引きされる時代がやってくるのです（図表2-6参照）。

年金や健康保険は労使折半の負担となっているので、両方の保険料の増加傾向は

図表2-6　社会保険料率の推移と今後の予測

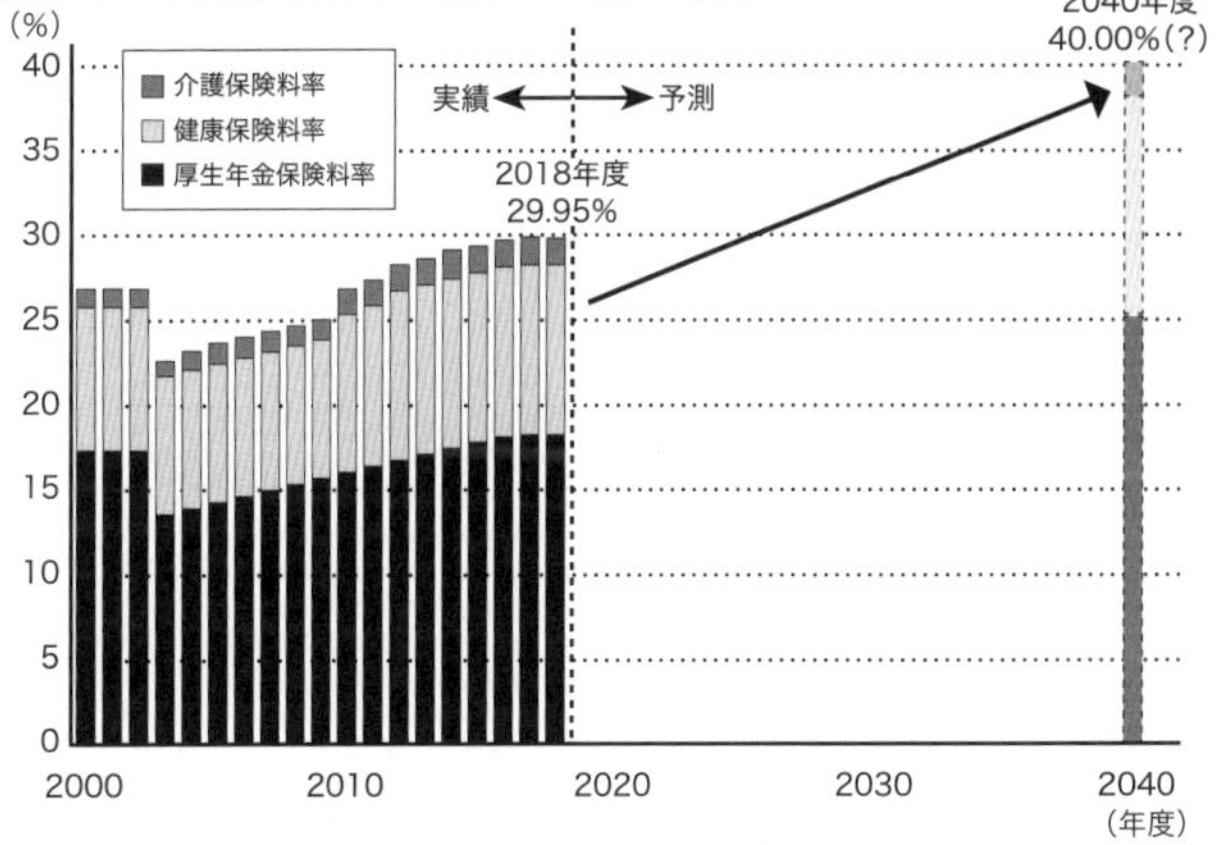

出所：日本年金機構、全国健康保険協会の資料を基に著者作成

会社員の可処分所得を減少させるだけでなく、企業の固定費を増やし業績の下押し圧力としても働きます。企業から見れば、保険料の負担増は賃上げと同じ意味合いを持っているので、企業は今よりもいっそう従業員の賃上げには慎重な姿勢を示すようになるでしょう。

　一方、自営業者などが加入する国民年金と国民健康保険の保険料は、会社員のように給与から差し引くことができないので、自分で銀行や口座振替などで支払うことになります。驚くべきことに、先に触れた２００４年の年金制度改正によって、国民年金の保険料は

2004年度の月額1万3300円（年額15万9600円）から、2017年度の月額1万6490円（年額19万7880円）まで24％も引き上げられています。

しかし、意外にも納税者の反発は少ないのです。なぜかというと、国民年金の場合、厚生年金と比べると絶対額が少ないうえに、支払う人が少ないという事情があります。さらには、加入者が納めるべき保険料のうち、実際に支払われた割合を示す納付率は2017年度が66・3％だったということですが、低所得者や学生など保険料の支払いを免除・猶予されている人は納付率の計算から除外されていますので、それらを含む加入者全体での実質的な納付率は40・0％にとどまっているのです。

国は厚生年金と同じように、国民年金の保険料引き上げは2017年4月を最後とすると公表していますが、これも決して額面通りには受け取ることはできません。真面目に支払っている人にしわ寄せがくる制度を放置したまま、保険料を再び引き上げる動きが出てくるのは間違いないでしょう。普通に考えれば20年あまり後には、月額2万円〜2万5000円（年額24万〜30万円）まで増額されることになるのではないでしょうか（図表2-7参照）。

今のところ国民年金が抱える問題は、仮に保険料を40年間支払い続けたとしても、

図表2-7　国民年金保険料(月額)の推移と今後の予測

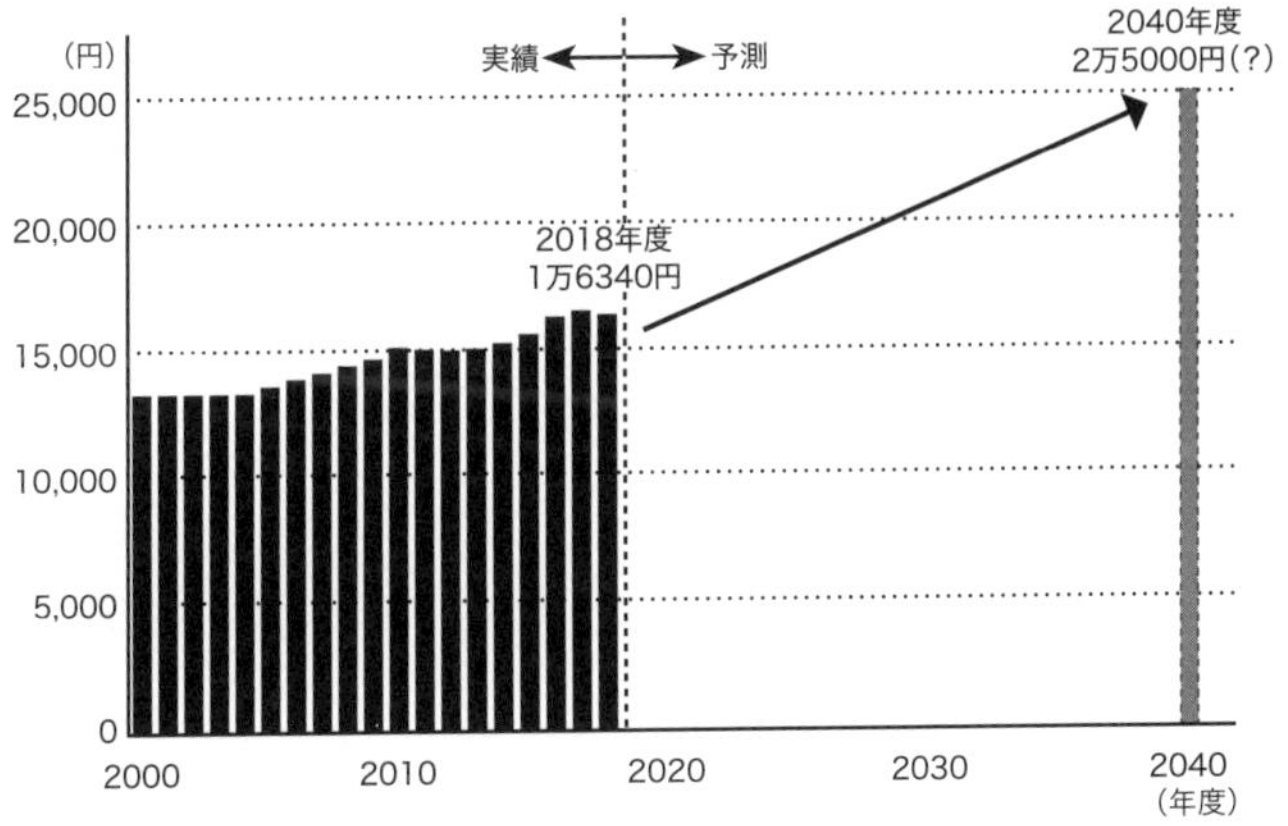

出所：日本年金機構の資料を基に著者作成

満額で月額６万５０００円程度（年額77万９３００円）しか受け取ることができないということです。したがって、老後に備えて相応の貯蓄をしていなかったならば、生活保護に依存する可能性が非常に高いという現実があります。そういった理由から、納付率が極端に低いというのも納得ができるといえます。

地方自治体が運営する国民健康保険（40歳以上が負担する介護保険を含む）も、その保険料（保険税としている自治体もある）は増加の一途を辿っています。そのことは保険料の最高限度額の引き上げの度合いを見れば一目瞭然です。２０００年度に年60万円だった40歳

図表2-8　国民健康保険料の年間最高限度額の推移と今後の予測

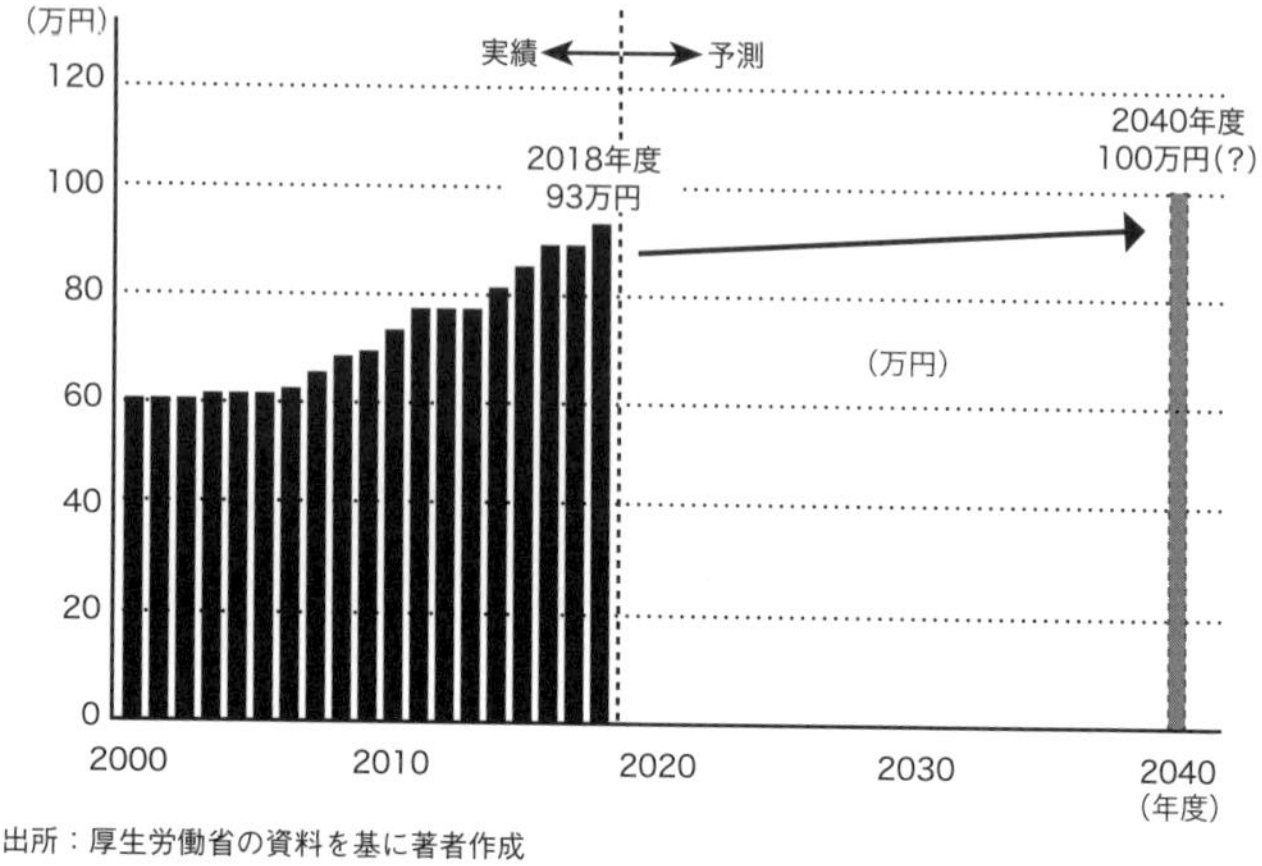

出所：厚生労働省の資料を基に著者作成

以上の国民健康保険料の最高限度額は、２０１６年度には年89万円（48％増）に、２０１８年度からは年93万円（55％増）にまで引き上げられています。

４人世帯で40歳以上が２人いる場合、年収７００万円になると限度額に達してしまうのです。年収５００万円で年64万円、３００万円で年42万円、年収１００万円でも年20万円という保険料を見てもわかるように、低所得層から中所得層にとって、年金所得者を含め無職層が多い国民健康保険はどの税金や社会保険料よりも重税感が大きいといえるでしょう。その意味では、国民健康保険料の引き上げは年収７００万円以上の世帯

（最高限度額）では１００万円未満、年収５００万円や４００万円の世帯でもあと数万円の引き上げが限界ではないかと考えられます。すなわち、これから20年あまり経ったとしても、ぜいぜいあと2回の引き上げしかできないというのが実情ではないでしょうか（図表2‐8参照）。

高度な医療はお金持ちしか受けられなくなる

２０１７年の日本人の平均寿命は男性が81・０９歳、女性が87・２６歳となり、ともに過去最高を更新（男性が6年連続、女性が5年連続）しています。日本人の三大死因である癌、心疾患、脳血管疾患による死亡率の低下が平均寿命を押し上げており、医療技術の進歩によって、今後も平均寿命があと5～6歳は延びる可能性が高いといわれています。

その一方で、医療や介護に頼らずに日常生活を普通に送れる２０１６年の健康寿命は、男性が72・１４歳、女性が74・７９歳であります。健康寿命の平均寿命との差は年々縮小しているとはいえ、多くの高齢者は男性が約9年、女性が12年以上にわたって、寝たきりも含めて医療や介護を受けながら暮らしているという事実も浮き彫りになっています。

国民皆保険制度では医療費の自己負担額に上限があり、高齢者の自己負担額はほんの一部のため、残りのほとんどは税金と現役世代からの支援金によってまかなわれています。たとえば、72歳の一般所得者(目安として年収370万円未満)の場合、1カ月に100万円や200万円の医療費(入院が伴う)がかかったとすると、自己負担額は5万7600円にしかならず、残りの94万2400円や194万2400円は高額療養費制度から給付されるようになっているのです。

今の医療の現場では、医療費が年間で1000万円や2000万円を超える高齢の患者は、複数の病気を抱えていれば決して珍しいケースではありません。また、助かる見込みがなく延命のためだけの治療においても、100万円や200万円の治療費が当たり前のように使われています。医療機関は医療費を取り損ねるリスクが少ないため、高齢者の医療費が歯止めを失い湯水のように使われているのが実情です。

先にも述べたように、政府は2040年度に向けて、所得税は中間所得層にまで広く薄く課税を拡大していくうえで、消費税はあと2回の引き上げで終わりにしたいと考えているようです。それに加えて、会社員の社会保険料の引き上げが限界に近づいていることもあり、実質的な増税だけでは現役世代の厳しい批判が避けられないため、医療費・介護費の歳出削減にも注力していく姿勢をアピールしていかなければなりません。

そこで今の政府が考えているのが、医療費・介護費の自己負担が現役世代並みの3割になる高齢者の対象を拡大していくということです。高齢者の場合、医療費は70〜74歳が2割、75歳以上が1割、夫婦の所得が現役世代並み（合計した年収が520万円以上）が3割の負担となっていますが、所得の基準を引き下げて3割負担となる高齢者を増やしていくという方針を掲げているのです。近年の給与所得者の平均所得は420万円程度であることから、同じ420万円程度への基準の引き下げが妥当だとする意見も出ているといいます。

介護費の自己負担については、現状は夫婦の所得が346万円未満は1割、346万円以上は2割、463万円以上は3割となっていますが、医療費と同じように所得の基準を引き下げて3割を負担する高齢者を増やしていくという方針だといいます。しかし、高齢者票が選挙の結果を大きく左右するシルバー民主主義が定着している日本では、このような歳出削減は政治的に頓挫する可能性が高いように思われます。高齢者に負担を強いる政策に対しては、与党・野党を問わず慎重論が多くなるのは必至だからです。

しかしそれは裏を返せば、政治がどんなに頑張っても、できる社会保障費の歳出削減はせいぜいその程度までだということです。医療費・介護費の歳出削減は、一度与えられた高齢者の既得権益を奪っていくことになるので、現役世代の所得増税などとは比べ物にならないほどハードルが高いのです。

さらに大きな問題として浮上しているのは、医療の技術革新によって高額な医療や薬が徐々に増えてきているということです。国民皆保険制度が導入された1961年には、少子高齢化の進行はもとより、高額な医療や薬の誕生は想定されていませんでした。政治による歳出削減の努力もむなしく、将来的には超高額な医療や薬の利用がますます進み、医療費を膨張させるリスクを孕んでいるといえるでしょう。

本来であれば、経済的な見地から技術革新は喜ばしいことのはずですが、その技術革新が医療費や薬価の高騰要因になってしまうのは実に皮肉なことです。たとえば、最先端の放射線による癌治療であるＢＮＣＴは、一回の治療費用が３００万円以上かかります。優れた効果が認められている抗癌剤のオプジーボは、体重60キロの大人が投与を1年続けると３５００万円、Ｃ型肝炎治療薬のソバルディは標準的な治療費が12週間で５５０万円もかかるといわれています（オプジーボは高価すぎるという批判を受けて、２０１７年に政府が特例で薬価を半分に引き下げました）。

ＢＮＣＴによる癌治療は保険の適用外ですが、オプジーボやソバルディなどの薬は原則として保険の適用となっています。医療費の自己負担額には上限があるため、それらの薬の高額な費用の多くは、医療保険と税金を通じて一般国民が支えることになっているのです。今後も技術革新によって新しい治療法や新薬が増えていけば、すなわち世界最高レベルの医療をすべて保険適用とすれば、日本の医療保険制度は維持することができなくなってしまうでしょう。

目下のところ、遺伝子治療といった超高度の癌治療、再生医療といった先端医療でも、原則として保険が適用になる見込みです。

まだ研究段階にある遺伝子療法では、遺伝子検査を通してヒトゲノム（遺伝全情報）を読み解き、異常になった遺伝子を修復して正しい状態に戻せば、どんな癌でも簡単に治せるようになるといいます。遺伝子療法の核となるのが、ゲノム編集という最新の技術です。遺伝子を自由自在に切り貼りでき、異常な部位をピンポイントで修復できると期待されているのです。癌もゲノム編集ができる薬を服用するだけで治癒できるだろうといわれていますが、その薬が恐ろしく高い価格になるのではないかということは想像できます。国内の癌治療費は２０１５年度に３兆５８８９億円と過去10年で１兆円程度増えたということですが、癌の遺伝子療法が全国的に普及したら、治療費は１兆円どころか１桁跳ね上がってしまうかもしれません。

また、日本の次世代産業として期待の大きい再生医療では、機能不全となった臓器を新しく再生した臓器と交換する究極の医療を目指しています。しかし、実用化と産業化を推し進めるには、高額すぎる費用の壁が立ちはだかっています。理化学研究所は２０１４年９月に、加齢黄斑変性という難病を患った女性の片眼に、ｉＰＳ細胞を用いて作成した目の網膜の細胞シートを移植するという臨床研究を実施しました。驚くべきことに、その費用は何と５０００万円を超えていたというのです。加齢黄斑変性の患者数は日本には70万人いるといわれますが、仮にすべての患者が手術を受ければ、それだけで35兆円もの医療費がかかる計算になるというわけです。

難病を治癒できる、あるいは命を救えるような最先端の治療は誰でも受けたいのは当たり前ですが、その費用をすべて国民皆保険制度でまかなうのはどう考えても不可能です。今後も遺伝子医療や再生医療を含め、技術革新によって医療費の膨張が懸念される事例が起こる可能性があり、そうした医療技術が実用化される前に公的保険でどこまでカバーできるかという議論が必要になっていくでしょう。その挙句の果てに、先端医療のほとんどすべてが公的保険の適用とはならず、高度な医療は費用を実費で支払える人々だけが受けられるようになるのではないでしょうか。要するに、下品ないい方かもしれませんが、命がお金で買える時代はもうそこまでやって来ているというわけです。

高齢者の勤労意欲が日本を転落の淵から救う

これまでも述べてきたように、日本では生産年齢人口が絶対数でも人口比でも減少していきます。その帰結として、社会保障制度の持続可能性を脅かし、深刻な人手不足や消費の停滞をもたらし、日本経済をじわじわと衰退させていくのです。

このような負の作用に対抗する有効な方法が、定年を迎えた人々の就業促進であります。定年後の就業が増え続けていけば、日本社会にとっていくつもの処方箋が提供されるからです。

第一の処方箋は、年金の支給開始年齢を引き上げるなど社会保障改革を進めやすい環境をつくるということです。第二の処方箋は、医療費・介護費の削減に効果を上げるということです。第三は、就業人口が増えることで深刻な人手不足が緩和されるということです。そして第四に、就業により所得が増えることで高齢者の将来不安が軽減されるということです。

これらの効果に期待しているせいか、定年後の就業人口は順調に増え続けています。２０１０年から２０１７年までの期間に、生産年齢人口が５９５万人も減り続けてきたというのに、かえって60歳以上の就業者数は２８８万人も増えているのです。２０１２年に制定された法律では、２０２５年度には企業が社員を65歳まで雇用することを義務化しましたが、多くの企業ではすでに定年を60歳に維持したまま、定年に達した人々を嘱託社員(給料は定年前から大きく減る待遇)などで再雇用する仕組みを取り入れています。

今のところ、法定の65歳を超えて希望者を再雇用する企業は、全体の5％程度にとどまっています。ところが、少子高齢化を乗り越えるためには年金の支給開始年齢を65歳からさらに引き上げなければならないので、そうなれば企業の雇用義務も将来的には70歳、75歳と延長されていくことになるでしょう。

その一方で、定年後にも長く働きたいという人々が増え続けています。定年後の就業意識についての調査では、「生活費を補いたい」「働いたほうが健康にいい」「お小遣いを増やしたい」「社会との接点がほしい」などが働きたい理由としてあがっていいます。健康寿命が延びていることで、働く意欲のある高齢者は思いのほか多くなっているのです。65歳以上の雇用者数は２０１７年に約８０７万人となり、人材不足を背景としてここ数年は年40万人のペースで増えてきています。

すでに70歳まで雇用する企業も登場しています。たとえば、東急リバブルは優れたスキルを持つ社員を対象に、継続雇用年齢の上限を70歳に引き上げています。不動産の仲介・販売の業界では、それまで築いた人脈や営業スキルが重要であり、ベテラン社員ほどそうした目に見えない財産を持っています。これまでは、定年後に独立するなどして、そうした貴重な人脈やスキルが社外に流失していましたが、それらを若手社員などへ引き継がせたり、人材育成のサポートをしたりしてもらうのが、70歳までの雇用延長の狙いだということです。

そのほかにも、大和証券グループは60歳の定年後に再雇用する上限を65歳から70歳に引き上げていますし、ＪＦＥスチールは65歳を超えた退職者を起用して若手の育成役に投入するなどしています。ファンケルは無期限に雇用継続ができる制度を導入し、生涯現役の時代が近づいていることを予感させてくれます。これらの企業に追随するように、大企業・中小企業を問わず多くの企業が雇用年齢を引き上げていくことになるでしょう。今は65歳までの雇用延長が主流ですが、将来的には70歳や75歳までの雇用を延ばす企業が増えていく流れにあるというわけです。

日本の出生率が今の水準と変わらず、平均寿命があと5～6歳延びると仮定すると、私たちにとってこれから選べる選択肢は主に次の3つになると思います。これらは楽観的にも悲観的にもならずに現実的な数字を基に試算しているので、一つの指針として考えてもらえればありがたいです。

①社会保障を現状維持のままで、消費税を40％に引き上げる
（正確な試算では33％～40％だが、わかりやすい選択肢とするために40％にしている）
②社会保障サービスを３割削減して、消費税を30％に引き上げる
（正確な試算では29％～35％だが、わかりやすい選択肢とするために30％にしている）
③定年を75歳に引き上げて、消費税を20％に引き上げる
（正確な試算では22％～25％だが、生活困窮者の減少や健康寿命の上昇を加味して20％にしている）

これら３つの選択肢を並べた場合、国民を論理的にも感情的にも説得できるのは、みなさんはどれだと思いますか。国民全体を説得するのに、①と②の選択肢はあまりにも厳しすぎます。消費税を40％に引き上げると説明しただけで、国民は強い拒絶反応を起こすでしょうし、社会保障サービスを３割削減するといっただけで、高齢者から苛烈な非難が殺到するでしょう。国の財政が破たんに近い危機的状況にならない限り、①と②は実行するのが極めて難しいでしょう。

ところが③の選択肢なら、まだ国民を説得する余地が大いにあります。国民皆年金ができた1961年当時の平均寿命は男性が66・03歳、女性が70・79歳にすぎませんでした。支給開始年齢が60歳だったので、平均寿命で見れば男性が6・0年間、女性が10・8年間の年金がもらえる計算になっていました。それに対して、最新の平均寿命は男性が81・09歳、女性が87・26歳と、当時よりも男性が15・06歳、女性が16・47歳も延びています。1961年の時と同様に男性が6・0年間、女性が7・8年間の年金がもらえるとすれば、支給開始年齢は60歳から75歳や80歳に繰り上げても問題ないというわけです。これから平均寿命はさらに延びる可能性があるため、年金の支給が75歳からになっても、高齢者がそれほど不利益を被るわけではないのです。

そのうえ、先ほども触れたように、様々な理由から定年後も働きたい人々が増えています。高齢化とともに高齢者の1人世帯が増えていくなかで、高齢者一人ひとりが社会とつながっていくということが重要になっていきます。平均寿命が延びた恩恵を社会が享受するには、高齢者が健康や能力に応じて活躍できることが必要になってきます。健康でいられる年齢が延びているのに、定年を75歳まで引き上げないのは、道理が立たないおかしな話です。

これらの点を踏まえて、政府が国民と真摯に向き合いしっかりと説明することができれば、「定年を75歳に引き上げて、消費税を20％に引き上げる」案がほかの２つの案より現実的でありメリットが多いことがわかり、国民も渋々ながらも納得してくれると思うのです。もちろん、政府が抜本的な少子化対策を実行し（詳しくは第５章で述べます）、２０２５年までに出生率を１・８～２・０の範囲まで引き上げることができれば、「定年は75歳、消費税は15％」あるいは「定年は70歳、消費税は20％」という緩和策も取れる可能性が高まっていくというわけです。

定年は消滅し、高齢者の定義が変わる

政府は少なくとも今後40～50年は続く少子高齢化を乗り越えるために、所得税の増税対象を年収５００万円～６００万円の所得層までの拡大で区切りをつけ、消費税の税率も13～15％までの引き上げで凍結しようとしています。それと併行して、社会保

険料もあと1回だけの引き上げ期間(10年以上に及ぶ可能性が高い)を設けて終わりにしたいようです。ところが、実現困難な経済成長率を基に試算した政府の推計では、社会保障費の増加は過小に評価されているので、財政赤字の縮小は達成できるはずがありません。

だからこそ、この章の初めのほうで「日本は経験したことのない選択を迫られる」と述べたのですが、それは過激な増税や歳出削減を選択するという意味ではありません。政治は選挙民を敵に回すことはできず、穏健な増税と歳出削減が主流となるのは目に見えているからです。そこで、定年を75歳に引き上げるという選択肢が浮上し、日本の未来は苦しい状況が長続きするとはいえ、そう極端に悲観することはない未来を見通すことができるようになるのです。

定年の75歳への引き上げは、働き手を増やすことで膨らむ年金支給額を抑えると同時に、健康寿命を延ばすことで医療費や介護費の膨張を堰き止めることもできます。高齢者の労働参加率が高い地域では、高齢者一人あたりの医療費や介護費が少ないという因果関係がはっきりと認められているからです。また、働くことはあたまを使うことにもつながるので、高齢者になり発症することが多い認知症の予防としても期待ができます。

企業の現場から見ても定年が75歳になると、年長者の持つ技術力を若い世代に引き継いでもらうことが容易になります。技術力というと真っ先にモノづくりを想像する方もいるかもしれませんが、営業の技術、人脈づくりの技術、交渉する技術、提案する技術など、様々な技術力があります。高齢者の積極的な雇用は、日本の総体的な技術力が衰退するのを防ぐ手段にもなりえるというわけです。

当然のことながら、高齢者でも体力に自信がない場合、週に2～3日くらいの勤務でもかまいません。高齢者2人で1人分の仕事をするような仕組みをつくれば問題はないのです。週2～3日ほど会社に来て、若い従業員に技術指導をしてもらう。そうすれば、高齢者にとってはやりがいになるし、若い人々の雇用を奪うこともありません。これは、社会にとっても本人にとっても、立派な生き方であると思います。

現実を直視すれば、公的年金は2040年代には給付水準が2割は減るだろうといわれています。しかし、70歳まで働くことができれば、現在の高齢者と同等の年金額を受給できる計算になります。さらに75歳まで働くことができれば、それ以上の年金額が確保できるようになります。これからの会社員のあいだでは、引退する年齢をできるだけ遅らせることで豊かな老後を設計する生き方が主流となってくるでしょう。

その一方で、日本型の雇用慣行に見直しの機運が高まってきます。65歳までの定年後の再雇用制度は定着しつつあるものの、再雇用後の給料は一般的には定年前の7割以下に引き下げられてしまいます。知識やスキルを持っている者にとっては、モチベーションの低下が問題になっているケースも珍しくはないのです。そのため企業のなかにも、再雇用後も職務内容と職務責任に応じて評価や給与を決めるところが出てきています。優秀な人材の流出を防ぐためにも、再雇用後の待遇を合理的に決める海外型の雇用慣行が浸透していくこととなりそうです。

このように年金受給や雇用慣行の変化を考えていくと、年齢で一律に引退させる定年は時代に合わなくなってきます。定年の75歳への引き上げどころか、定年の廃止を決める企業が増加基調になり、高齢者が積極的に仕事をする社会への変革が進んでいくことになるでしょう。ところが、私たちが健康に過ごす時間が延び、70歳を超えても働くのが当たり前になっていくのに反して、経営環境が目まぐるしく変わっていく昨今では、会社が発展を続けることができる期間は短くなっていく趨勢にあります。

東京商工リサーチによれば、日本では２０１７年に８４０５社が倒産し、会社の平均寿命は約24年にまで縮まってきています。

大学を卒業して75歳まで働くとすれば、会社員生活は50年あまりになります。会社の平均寿命がその半分以下に落ち込んでいることから、50年あまりの会社員生活は1種類の仕事をするには長すぎるという状況になっているのです。人間の寿命がわずかながらでも延び続けているのに対して、会社の寿命は着実に縮み続けてきています。双方のあいだに広がるギャップが大きくなればなるほど、特定の会社や仕事に頼り過ぎるリスクが高まっていくというわけです。

それでは、定年が消滅していく時代に、必要な働き方とは何でしょうか。会社員のなかには老後のための資産運用に励む人々が多いですが、それ以上に重要となるのが人生の後半に向けて自らの技術や能力の向上に努めることです。技術革新の伝播のスピードが速く、ビジネスの多様化が進行しているなかで、人生の前半と後半でまったく違う道を歩むこともありえます。いかに自己研鑽を積み人生後半も仕事を維持できるかという視点が、会社員の人生設計には重要となってくるのです。

図表2-9　65歳以上、75歳以上の人口と総人口に占める割合

	2015年	2020年	2040年	2060年
人口総数（万人）	12,709	12,532	11,092	9,284
65歳以上（万人）	3,387	3,619	3,921	3,540
総人口に占める割合	26.6%	28.9%	35.3%	38.1%
75歳以上（万人）	1,632	1,872	2,239	2,387
総人口に占める割合	12.8%	14.9%	20.2%	25.7%

出所：総務省統計局、国立社会保障・人口問題研究所「日本の将来推計人口」

また、平均寿命が延びるだけでなく、健康な高齢者が増加しているのを受け、「高齢者」の定義が変わっていくようになるでしょう。これまでのように、「65歳以上の高齢者は社会から扶養されるべきだ」という考え方がもはや成り立たないことは、国民の誰もが理解していることと思います。将来の新しい定義では、「高齢者は75歳以上」とし、65歳から74歳までの人々はむしろ経済を元気にする存在として、これからの日本の財産になるのだと発想を転換することが時代の要請になってくるでしょう。いずれにせよ、財政上の収支の面からも、社会保障制度の維持という点からも、経済規模の維持という点からも、これからは高齢者の力を生かす仕組みができあがっていくというわけです。

将来の人口推計について話を戻すと、2020年の65歳以上の人口は3619万人で、人口に占める割合は28・9％になります。その先の2040年と2060年には、65歳以上の人口はそれぞれ3921万人、3540万人に増え、人口に占める割合もそれぞれ35・3％、38・1％に上がります。これに対して、2040年と2060年の75歳以上の人口は2239万人、2387万人で、人口に占める割合は20・2％、25・7％になると推計されています。要するに、高齢者の定義が75歳以上になれば、2040年と2060年の高齢者の人口および比率は現在よりも少なくて済むというわけです（図表2-9参照）。

ですから、今までの世界の歴史のなかで日本は未曽有の少子高齢化が進む社会になるとはいえ、私は人口減少そのものを絶望的には捉えていませんし、今後の政府の少子化対策によっては極度に悲観するほどのことではないと考えています。

消費や所得が伸びない時代、経済成長率が低迷する時代に

高齢者の定義が変わり定年が消滅していく時代では、日本は社会保障費の膨張に何とか歯止めをかけることで、財政危機が勃発するような経済的な大混乱を回避することができます。しかしながら、日本は人口が減少する社会、老いが進行する社会であることに変わりがなく、経済の低成長が今後も続いていくことは覚悟しなければなりません。政府は一刻も早く、将来の経済成長率が平均して2％台で伸び続けるという幻想は捨て去り、現実的な成長率を基に財政や経済・社会をどうしていくのか、真摯に考えなければならないのです。

経済が低成長になるのは、GDPの60％台半ばを占める消費が停滞しているからです。とりわけ現役世代の消費が伸びていないのですが、その理由は主に二つあると考えられます。一つは、働く人々の可処分所得の伸び悩みがあります。総務省の家計調査によれば、2017年の勤労者世帯の平均月収は43・7万円で2012年と比べて0・5％増えましたが、可処分所得が0・4％減ったために消費支出は2・1％も減っ

てしまったのです。収入が増えたのに可処分所得が減ったのは、税金や社会保険料の負担が増えて、家計の購買力を奪っているからです。

もう一つは、現役世代の社会保障に対する将来不安があります。現役世代では若い人々を中心に、老後に年金がいくらもらえるか見当がつかないから、とにかく貯蓄をしておこうと考えている人々が実に多いのです。少子高齢化が進むのに伴い社会保障が脆弱になると肌で感じている以上、自己防衛のために無駄な消費はできないというわけです。政府は2014年4月の消費税引き上げが失敗だったと考えているようですが、働く人々が国の社会保障を信用していないからこそ、将来不安が一向に収まらずに節約志向が定着しているのだといえるでしょう。

実際に、現役世代の感覚は正しいと思います。年金給付の水準は所得代替率の50％以上を維持することが法律では定められていますが、その所得代替率の計算方法に大きな欠陥が隠されているからです。その隠された欠陥とは、所得代替率を計算する時の分子である高齢者が受け取る年金額は「税金や社会保障費を支払う前の額」であるのに、分母である現役世代の所得は「税金や社会保険料を支払った後の額（可処分所得）」になっていることです。分子と分母を同じ基準（課税前あるいは課税後）にそろえて計算すると、所得代替率は大幅に低下、優に50％を下回ってしまうというわけです。

そのような状況のなかで、これからは地方に代わって東京の老いが急速に進むことが、消費の停滞に追い打ちをかけることになるでしょう。出生率が全国一低い東京が人口を維持できているのは、地方から若い人々が流入し続けることで、地域としての若さを保ってくることができたからです。しかし、多くの地方では東京へ若い人々を送り出す余力がなくなりつつあり、東京の人口は２０３０年の１３８３万人をピークに減少に転じるだろうと見られています。いよいよ東京も人口減少と高齢化の波に直面するのが避けられないというわけです。

国立社会保障・人口問題研究所の推計によれば、２０３０年に東京の人口のおよそ４人に１人が高齢者になり、２０３５年には東京の高齢者世帯は２３７・1万世帯と、総世帯数の35・８％に達するということです。高齢化が急ピッチで進むことによって、介護難民の大量発生、空き家の急激な増加、老朽マンションが建て替えできないなど、いろいろな問題が噴き出してくるでしょうが、消費の停滞という問題に焦点を絞れば、高齢者の増加は所得の減少に直結するので、東京の高齢化は消費の強い下押し圧力として働いてくるでしょう。

都道府県別の賃金をみると、東京はつねにダントツでトップを保っています。たとえば、２０１７年の平均月額賃金をみると、１位の東京が37・７５万円、２位の神奈川が32・９８万円、３位の大阪が32・６万円と、東京は全国平均の30・４３万円より24・８％ほど多いのに加えて、２位の神奈川と３位の大阪を大きく引き離しているのです。そのうえ、人口のボリュームも突出して大きいので、東京で高齢化が進行していけば全国平均の賃金に下方硬直性が強まり、消費の長期低迷の一因、ひいては経済の大きな足かせになるのは不可避な情勢となるでしょう。

さらには今後、自動車といった高額消費財はもちろんのこと、バイクや自転車、衣服、バッグ・カバンなど、多くのモノがシェア（共有）される経済が広まっていく流れのなかでは、モノの生産と消費が縮小していかざるをえず、所得や消費にも下押し圧力がかかっていくのはやむをえません（シェア経済の広がりと経済への影響については、第４章で詳しく述べたいと思います）。

高齢化の進行、所得の減少、シェア経済の普及、消費の減少の４つの動きは、相互にマイナスの作用を及ぼし合い、経済成長率が今よりもいっそう伸び悩むことになるでしょう。少子高齢化が進む時代ではおそらく、1％未満の成長率が新しい常識となっているのではないでしょうか。

第3章

破壊的イノベーションは何をもたらすのか

日本にも迫るアマゾンの脅威

アメリカの主な産業のなかで、近年、もっとも苦境にあえいでいるのが小売業界といわれています。大手の経営破綻や大規模な店舗の閉鎖が相次ぎ、２０１７年には家電量販大手のラジオシャックや玩具販売大手のトイザラス、女性用衣料販売大手のザ・リミテッドなどが経営破綻しています。さらには、１００店規模の店舗閉鎖は、衣料販売大手のギャップ、ジンボリー、ビーシービージー、百貨店大手のシアーズ、ＪＣペニー、メイシーズ、スーパー大手のウォルマート、Ｋマート、バッグ販売大手のマイケル・コース、スポーツ用品販売大手フィニッシュラインなど、数え上げると切りがありません。２０１７年に閉鎖した大手の小売店舗は実に８０００店を超えていて、今後も大規模な店舗閉鎖の流れは変わらないだろうと見られています。

そのような背景には、ネット通販最大手のアマゾン・ドット・コムが消費者の支持を拡大しているということがあります。アマゾンがネット通販で初めに手がけたのは書籍だけだったのですが、その後は家電製品や衣料品、日用品、食料品と取扱

図表3-1　アマゾン・ドット・コムの売上高の推移

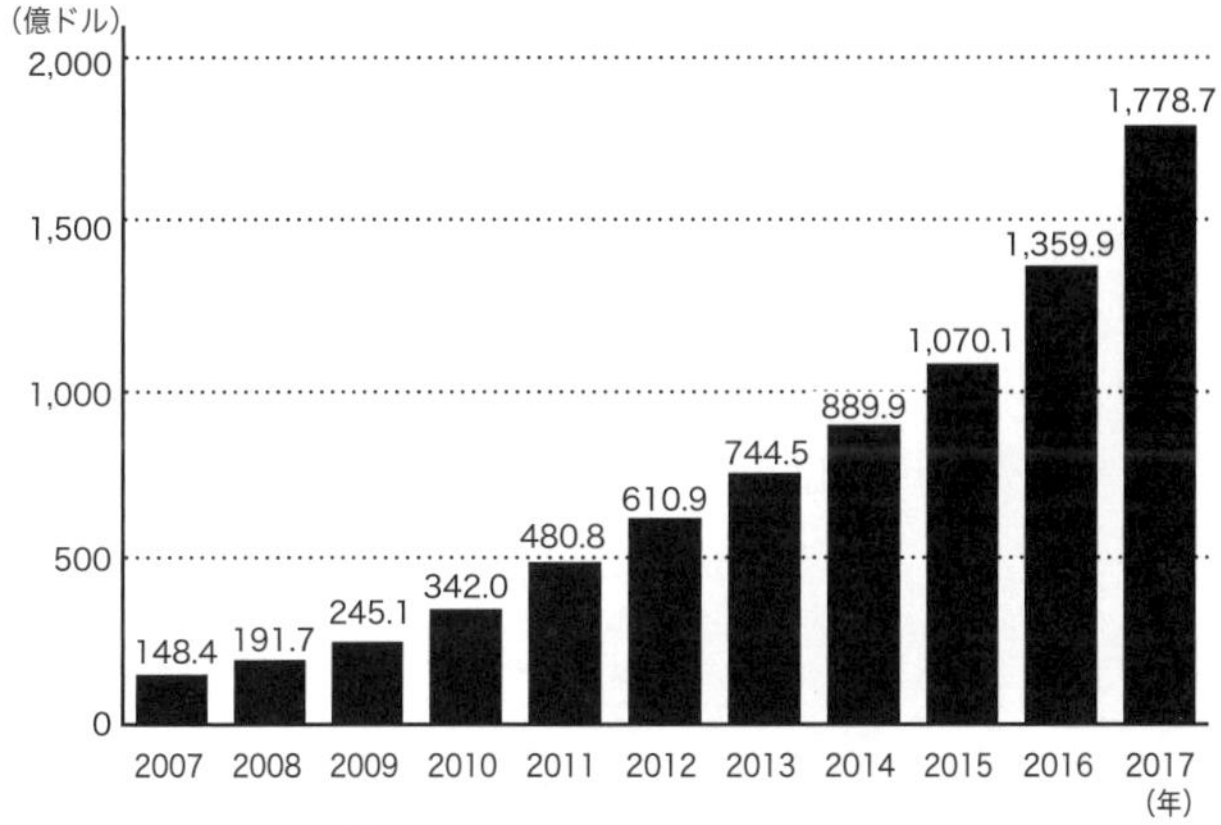

出所：Amazon.com 決算資料

品目を次々と拡大していき、今や家電製品や衣料品の分野では全米最大手の販売店になっています。大手小売業の店舗はショーウィンドーと化し、実際の買い物は店舗より安く自宅まで配送してくれるネットで済ませる人々が、若い世代を中心に爆発的に増えているのです。アマゾンの売上額は２００７年からの10年で10倍超、２０１２年からの５年でおよそ３倍と急激に増加し続けています（図表３−１参照）。その結果として、大手小売業はその店舗網の閉鎖・縮小を進めざるをえなくなっているというわけです。

その動きとぴったりと連動するように、アメリカ全土で商業モール（日本でいうショッピングモール）の空洞化も進んでいます。アメリカの商業モールは百貨店を中心に形成されていますが、その百貨店はアマゾンを中心としたネット通販に顧客を奪われ、相次いで商業モールからの撤退を決めているからです。2017年以降、シアーズやJCペニーなどが100店舗以上の閉鎖を進めていることもあり、「デッドモール」と呼ばれる閑散とした商業モールが急増しています。アメリカでおよそ1100ある主要な商業モールのうち、今後5年間で200〜300のモールが閉鎖されるだろうといわれているほどなのです。

アメリカの小売業界で既存の分野を脅かす「アマゾン・エフェクト」と呼ばれる激震が起こっているなかで、アマゾンは2017年に高級食品スーパーのホールフーズ・マーケットを買収し、小売業の最後の砦とされる生鮮食品の分野にも進出しました。ホールフーズが扱う有機野菜や肉・魚類は消費者にとり贅沢品ではありますが、アマゾンはそれらの贅沢品を大幅に値下げすることで、ホールフーズの敷居の高さをあっさりと下げることに成功しています。アメリカの食品スーパー市場ではホールフーズのシェアは今のところ2％弱にすぎませんが、大幅な値下げが他社の顧客を奪っていく流れは止められないので、これから5年以内には多くのスーパーが苦境に直面していることになるでしょう。

そこへ持ってきてアマゾンは、2018年に処方薬のネット販売を手がけるピルパックを買収し、医薬品の販売にも本格的に進出しようとしています。ピルパックはネットで処方箋を受け付け、処方薬を自宅まで配送するサービスを行っていますが、高齢者を中心にして利用が広がっています。新興企業のため事業規模はまだ小さいものの、アマゾンが品ぞろえに加われば販売を大きく押し上げるだろうと見られていま す。アマゾン製のAI（人工知能）スピーカーで家庭の常備薬を管理し、使用した分を宅配するといったサービスも視野に入っているといわれています。業績が堅調だったアメリカのドラッグストア業界にも、アマゾンの影響力が拡大していくのが避けられない情勢にあるのかもしれません。

アメリカではアマゾンの事業領域の拡大が既存の小売業を退けるアマゾン・エフェクトを次々と引き起こしていますが、日本の小売業にとってもこのような現象は決して対岸の火事とはいえない状況にあります。アメリカから始まったネット通販の急ピッチな台頭は、日本でも確実に広がってきているからです。経済産業省の統計によれば、書籍や音楽映像ソフトなどは2～3割がネット経由で購入されているといいます。さらには、近年の日本でも動画のネット配信が浸透してきたため、アマゾンジャパンの「プライム会員」はその会員数を加速度的に伸ばしているというのです。それらの影響もあり、地方を中心に書店の閉店が相次いでいて、全国の書店数は2007年からの10年で何と4割近い減少となっています。書籍と音楽映像ソフトの複合店を展開するTSUTAYAは、2017年度だけで70店以上が閉店に追い込まれているという有り様です。

日本では依然として、大手小売業の破綻や大規模な店舗閉鎖という事態には至っていませんが、アマゾンは日本でもすでにネット通販で圧倒的なシェアを握り、日本の小売業を大いに脅かしつつある存在になってきているといえるでしょう（図表3-2参照）。というのも、日本の通販市場でのアマゾンの売上高は1位であるばかりか極めて突出していて、売上高の2位から10位までを合計してもアマゾン1社に肩を並べることができないからです。日本でも膨張を続けているアマゾンは、書籍、家電製品、日用品、食品など取扱商品を着実に増やしながら、いよいよ2017年には生鮮食品の宅配サービス「アマゾンフレッシュ」を開始しています。現時点では東京23区の一

図表3-2　アマゾン・ドット・コム日本事業の売上高の推移

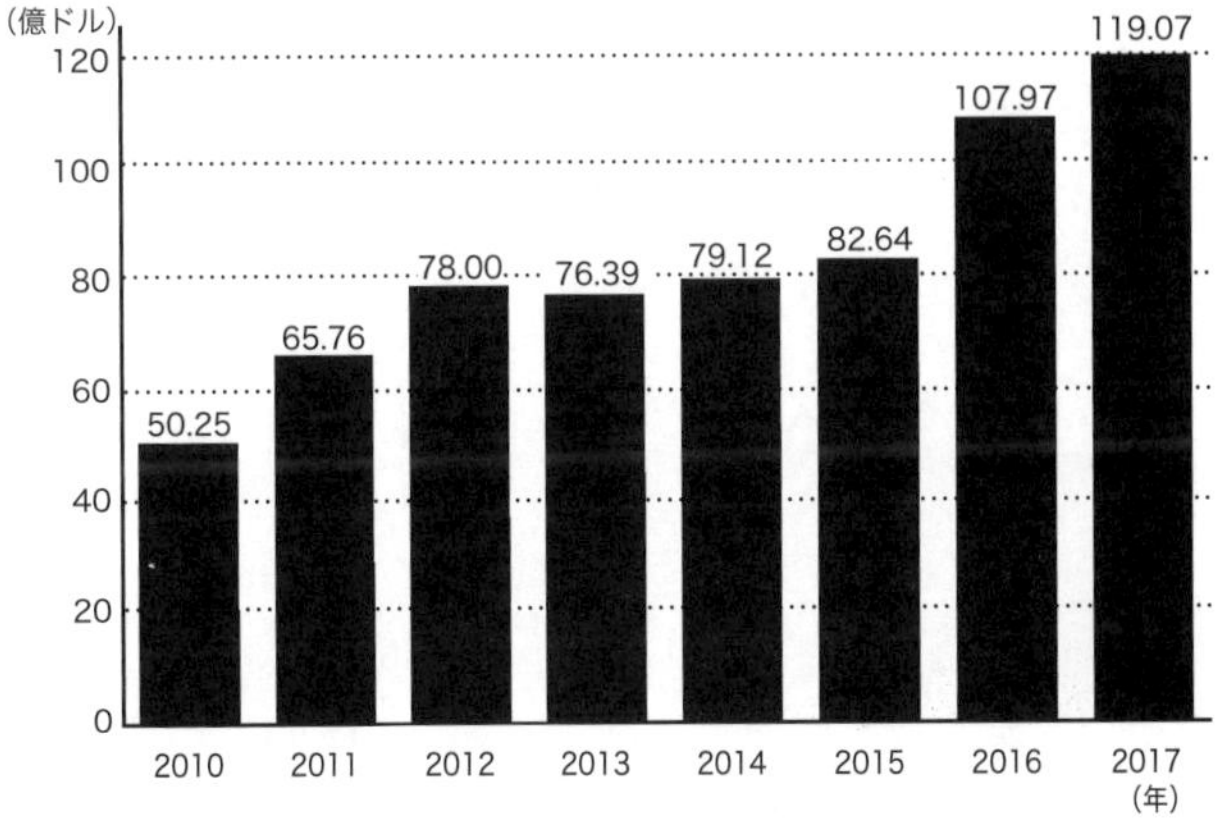

出所：Amazon.com 決算資料

部のエリアだけのサービスとなっていますが、将来的にはおそらく、大阪や名古屋、横浜、札幌、仙台、福岡などの大都市圏にサービスを拡大していくという戦略を持っているのでしょう。

アメリカのゴールドマン・サックスの試算によれば、実店舗を展開する小売業が必要とする従業員数は売上高１００万ドルあたり３・５人になりますが、ネット通販はわずか０・９人で事足りてしまうということです。通販ビジネスが成長することで、たとえアマゾンの配送センターや宅配など物流関連の雇用が増えたとしても、実店舗で失われる雇用のほうがあまりに大きいということは明らかです。アメリカと日本では国土の広さや配送コストなど諸条件に違いがあるため一概には同じになるとはいえませんが、ネット通販では従業員数が4分の1で済んでしまうというのは、やはり雇用の先行きが心配になってしまう数字であると思います。

アマゾンの動きに遅れまいと、日本の小売業界も対抗するサービスを打ちだし始めています。ヨドバシカメラは自社のネット通販で注文を受け付けてから最短2時間半で宅配するサービスを一部の地域で開始しています。セブン&アイ・ホールディングスもアスクルと提携し、生鮮食品の宅配「IYフレッシュ」を始めています。これは裏を返せば、日本の小売業が自ら雇用を減らす競争に参入せざるをえないという窮状を表しています。経済的にいえば、アマゾンのような企業が増えれば増えるほど、経済の生産性は上がるので好ましいという見方もできますが、コインの表と裏との関係で雇用が確実に減り続けていくという負の側面は見て見ぬふりはできないでしょう。

日本の労働生産性は先進各国と比べて低いといわれていますが、アメリカを100とした場合の日本の労働生産性は土木建設で84、金融・製造で48、小売・サービスで34、ITで19、農業で5と、ITと農業の生産性はとりわけ低いという状況に甘んじています。日本のIT産業の生産性がアメリカの5分の1しかないのは、IT人材の能力差やソフト開発の効率化の違いが大きいからです。すなわち、それらの点を改善していけば、日本ではネットサービスの付加価値の上昇余地が大きく、ネット通販が一段と急加速する可能性が高いというわけです。アメリカを追うように日本でも遅かれ早かれ、大手の家電量販店や衣料品チェーン、ドラッグストア、スーパーなどがネット通販の攻勢にさらされ、事業の大幅な縮小を迫られるのは、想定の範囲内といえるのではないでしょうか。

日本の小売業に従事する労働者は2017年の時点で1075万人とされていますが、仮にネット通販によってその10分の1にあたる107万5000人の雇用が失われたとしても、それは当然起こりうることだと考えなければなりません。さらには、5分の1にあたる215万人の雇用が失われたとしても、それは決して驚くべきことではないのです。なぜなら、これからの時代はAIがITや機械（ロボット）と結びつくことによって、小売業や製造業だけでなく、あらゆる業種の雇用を奪っていくことになるからです。AIが奪う膨大な雇用に比べれば、ネット通販の拡大によって奪われる雇用などは些細な人数にすぎないといっても過言ではないでしょう。

AIビッグバンが雇用の脅威になるわけとは

　昨今、AIという言葉が耳目に触れない日はありません。AIが大きな注目を集めている背景には、2012年に脳科学とコンピュータ科学の融合で起きたビッグバンによって、AIの能力が多くの研究者の想定をはるかに超えて向上したということがあります。そのビッグバンの起爆剤となったのが、トロント大学のジェフリー・ヒントン教授が開発した深層学習（ディープラーニング）という手法です。AIはその手法を通じて「眼」を獲得し、人間と同じように画像の認識ができるようになったのです。

　それまでAIの研究が長く停滞していたのは、コンピュータは大学生や大学院生にしかできない難しいことは人間以上に正確に素早くこなすことができるのに、乳幼児や幼稚園児が日頃から簡単にできることがなかなかできないという弱点が克服できなかったからです（図表3-3参照）。たとえば、幼稚園児はある動物をぱっと見て、それがイヌかネコか判別することが容易にできますが、コンピュータはそういった判別をする作業が極めて不得意であったのです。

図表3-3　AIの進化の歴史

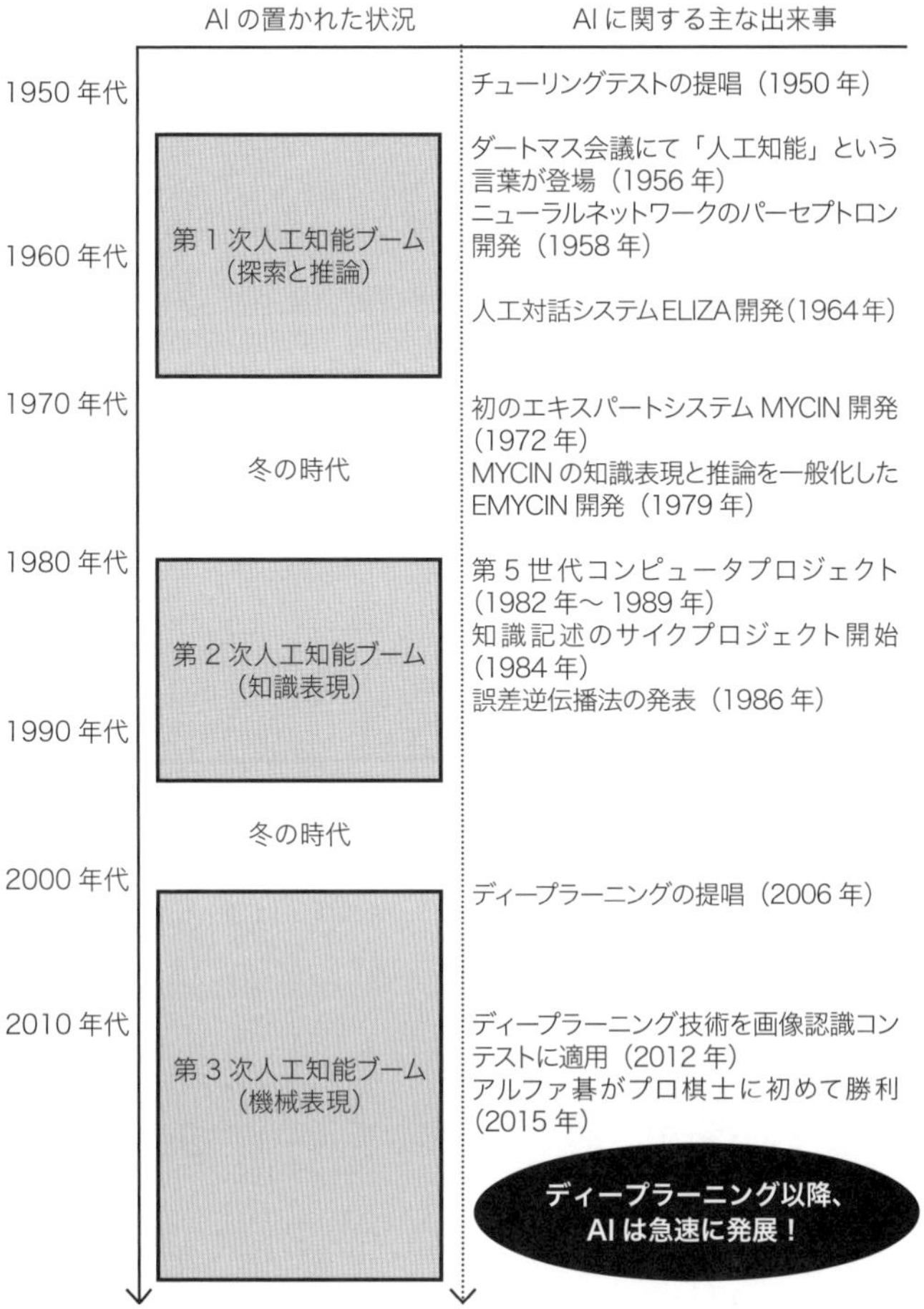

出所：総務省「ICTの進化が雇用と働き方に及ぼす影響に関する調査研究」（平成28年）を基に著者作成

ところが、2012年のビッグバンによって、AIが人間と同じような眼を持てるようになったので、それまでコンピュータが苦手だった画像の認識をかなり的確にできるようになりました。人間の脳のなかでは5～6層のネットワーク層が重なっていて、一つの層で行なった演算を次の層に送り、さらに次の層へと繰り返していくことで、高度な学習や思考ができるようになっています。眼を持ったAIはそのような学習や思考をコンピュータ上で再現することで、人間に匹敵する高いレベルの学習能力や思考能力を会得できるようになったというわけです。

地球上で生物が誕生し進化を遂げてきた約40億年の歴史のなかでは、カンブリア紀（5億4200万年前～4億8830万年前）の最初の1200万年のうちに、生物に眼が発生したことを契機にして、現存するすべての動物の直接の祖先が出現した「カンブリア大爆発」という劇的な進化が起こりました。生物の進化と同じようにAI研究の歴史でも、深層学習を通してAIが眼を獲得したことが、AIそのものに凄まじいまでの進化を引き起こしているといえるでしょう。

AIが眼を獲得して以降、多くの研究者が深層学習の研究に取り組み始めました。

その時期と前後するように、コンピュータの性能が急速に発達したこと、インターネットで膨大なビッグデータが取得しやすくなったことなど、ＡＩの進化を後押しする環境は十分に整ってきていたので、ＡＩは２０１２年のビッグバンからわずか4年で悲願を達成することになります。囲碁の名人レベルの棋士と対戦して勝利するという、ブレークスルーを成し遂げたのです。

２０１２年の時点では、「ＡＩは囲碁の名人に20年経っても勝てないだろう」といわれていましたが、ディープマインド社（グーグルの子会社）が開発した囲碁ソフト「アルファ碁」は２０１６年3月に、当時の世界最強棋士の一人であるイ・セドル九段と対戦して4勝1敗という好成績を残しました。当時のすべての将棋・囲碁ソフトが数値計算で差し手を決めていたのに対して、深層学習を取り入れたアルファ碁は盤面を画像として捉え、人間的感覚に頼りながら差し手を決めるという特徴を持っていました。それに加えて、人間の脳をはるかに凌駕する13層ものネットワーク層で思考していたというから驚きです。

アルファ碁の勝利は、ＡＩの研究者に大きな自信を与えたと同時に、ＡＩが研究から応用へのステージに広がり、ＡＩのビジネスへの活用が積極化していく契機となりました。優秀な研究者がいるベンチャー企業は、押しなべて大手ＩＴ企業に買収され、今の最先端の研究では２０００層ものネットワーク層をもつコンピュータを開発しています。ネットワーク層が５～６層の人間と、２０００層のコンピュータでは勝負になるはずがありません。ＡＩのビッグバン以降、ＡＩの進化はつねに研究者の想定を大きく超えているというわけです。

多くの研究者の共通認識は、ＡＩは不気味な存在であるということです。これまでの多くの学問や研究では、そのバックグラウンドに数式や公式などがあり、「ここまではできる」「ここから先はまだ難しい」ということがあらかじめ理解されていました。ところが深層学習の研究では、「どうしてそれができるのか」というプロセスや仕組みがまったくわかっていないのです。深層学習における限界が見えない状況のなかで、ＡＩが人智を超えて暴走してしまうのではないかという懸念は、そういう不気味さから来ているのでしょう。

いずれにしても、ＡＩは膨大な資料やデータを読み込み、分析や学習を繰り返しながら、日々進化を遂げています。非常に複雑な計算もあっという間にこなすことができます。今ではＡＩは様々なビジネスの分野で活用され始めています。製造業や小売業、金融業はもちろん、第1次産業から第3次産業まで広がっているのです。普通の人々が毎日こなしている仕事をAIがこなせるようになった時点で、AIは企業の活動だけでなく、私たちの雇用のあり方そのものを大きく変えてしまう可能性を秘めているといえるでしょう。

工場では機械が会話するようになる

小売りの世界でインターネットの発達がアマゾンなどのIT企業を台頭させると同時に雇用を脅かし始めていますが、製造業の世界では今後10～20年先を見据えて、AIを備えたロボットを導入することで、生産性を飛躍的に向上させる新しいモノづくりを目指しています（図表3－4参照）。

もっとも進んでいるのがドイツです。ドイツでは第4次産業革命を意味する「インダストリー4・0」を推進し、2020年代半ばまでに製造業の生産性を2015年と比べて5割前後引き上げるという目標を掲げています。最適な生産ライン同士がグローバルにつながれば、競争力は飛躍的に高まるはずだと考えられています。たしか

図表3-4　各国の第4次産業革命の取り組み

ドイツ	ドイツの官民連携プロジェクト「**インダストリー 4.0 戦略**」では、製造業の IoT 化を通じて、産業機械・設備や生産プロセス自体をネットワーク化し、注文から出荷までをリアルタイムで管理することでバリューチェーンを結ぶ「第４次産業革命」の社会実装を目指している。ソフトウェア企業の買収やユースケースの創出、国を挙げた取り組み、産学連携、標準化などが進んでいる。当初は業界団体で始まり、政府が中小企業の底上げに活用しようと、国策として新たに開始した経緯がある。
中国	2015 年５月に公布された「**中国製造 2025**」は、2049 年の中華人民共和国建国 100 周年までに「世界の製造大国」としての地位を築くことを目標に掲げた取り組みで、いわば中国版インダストリー 4.0 である。「中国製造 2025」では 2015 年から 2025 年までの「大規模発展」「品質・効率」「構造最適化」などの観点から中国製造業発展に関連する指標が設定され、それによると第１位は米国、日本がこれに続き、ドイツは３位、中国は４位となっている。中国は製造業総合指数を向上させ、世界をリードする製造強国を目指している。
アメリカ	第４次産業革命の先端を走る米国では、2013年に始まった「**スマート・アメリカ・チャレンジ**」などを皮切りに、実世界のデータをセンサーにより収集・観測し、クラウドなどのサイバー空間でデータの処理・分析を行い、その結果得られた価値を実世界に還元するための社会実装に向けた取り組みが進められてきた。2014 年３月に、AT&T、Cisco、GE、IBM、Intel が米国国立標準技術研究所の協力を得て、IoT の高度化を目指すコンソーシアムを立ち上げるなど、業界を挙げた取り組みを加速させている。
日本	狩猟社会、農耕社会、工業社会、情報社会に続く、人類史上５番目の新しい社会、いわば「**Society 5.0**」（超スマート社会）を世界に先駆けての実現を目指している。革新技術の開発と多様なデータの利活用によって政府、産業、社会のデジタル化を進めるもので、ドイツの「インダストリー 4.0」の概念も包含している。2017 年６月に閣議決定された「未来投資戦略 2017」でも中長期的な成長を実現していく鍵は「Society 5.0」の実現にあり、第４次産業革命のイノベーションをあらゆる産業や社会生活に取り入れる必要があるとしている。

出所：総務省『平成29年版　情報通信白書』

に、この試みが本当に実現すれば、「第４次産業革命」といってよいほどの偉大な業績となるかもしれません。

18世紀以降の綿織物工場に始まる、蒸気機関の登場による製造工程の機械化を「第１次産業革命」とし、20世紀以降の「フォード主義」に象徴される大量生産時代が「第２次産業革命」、１９８０年代以降のコンピュータによる自動化の進展を「第３次産業革命」と考えれば、ＡＩを備えた自動化工場が業種を超えてネットワーク化され、国家として立地競争力を張り合う時代が「第４次産業革命」といえるのです。

具体的には、自動車や半導体など製造工場において、組み立てロボットが世界中の関連する工場からデータを取り寄せ、「こうすればより効率的な組み立てができる」とか「この部品の搬入が遅れそうだから、工程を変更してこちらから始めよう」などと学習し、さらには、ラインを管理するコンピュータが「こういう工程に改善すれば、消費電力がより少なくなる」とすべてのロボットに指示を出すといったイメージです。

このように「インダストリー４・０」の世界では、各々の工場から集まる膨大な情報をもとに、ＡＩを備えたロボットが新しいアイデアをひねり出し、できるだけ速く、できるだけ安く製造する工程を考えて提案し続けていくようになります。また、各々のロボットは「あと1週間稼働したら壊れるかもしれない」と声を発することがあり、事前にそのロボットを修理することによって、ラインが止まるというリスクも回避することができます。その結果として、生産性が加速度的に高まっていき、競争力を大幅に引き上げることができるようになるのです。

ロボットの導入が本格化し始めた中国でも、政府内では2025年までに製造業を知能化させる「中国製造2025」という計画を推進しています。家電製品など汎用品に強い中国の製造業をさらに高度化させて、現在の「製造業大国」から将来は「製造業強国」に移行するシナリオを描いているのです。

中国では景気が減速するなかで、多くの企業経営者は人件費の高騰に苦しんできたので、このロボット導入を後押しする計画は大いに歓迎されています。というのも、工場の働き手の中心を担っているのは、経済が急速に発展するなかで一人っ子として何不自由なく育った20~30代の若者だからです。そのような若者は上司が嫌なら会社はすぐに辞めてしまいますし、要求通りに給料が上がらなければ転職してしまいます。

それに比べれば、ロボットは文句もいわないし賃上げも迫らないので、ロボットのほうがはるかに管理は簡単なのです。政府も企業にロボットの導入を多額の補助金で支援しているので、省人化工場あるいは無人化工場の拡大は他の国々よりも早まっていく可能性が高いと考えられています。

日本でもアメリカやドイツに遅ればせながら、大企業や中小企業にかかわらず、製造の現場ではロボットの導入が進んでいます。大企業では大きな工場を数人でオペレーションできる体制の構築を拡大している一方で、中小企業では従業員と協働できるロボットの導入が好まれ、目安として従業員を半減させることを念頭に置いているところが多いようです。

日本は容易に雇用を整理できない環境にあるため、欧米と比べて工場の自動化が遅れ気味であったのですが、労働力人口が逼迫している状況下になってようやく、日本の産業界は工場の自動化と生産性の上昇を結びつけて考えるようになっています。そういった意味では、欧米よりも日本の工場の自動化のほうが伸びしろが大きく、先進国のなかで低い生産性が大幅に上昇する可能性が高いと見られているのです。

今後の世界における製造業の趨勢は、ＡＩによって自動化された工場が増え続けていくということです。おそらく10年後には、大企業の一部の工場では完全自動化が現実になるでしょうし、この流れに早く対応できなかった国々は製造業では負け組へと転落していくことになるでしょう。

ただし、本質的に見逃してはいけないのは、工場の完全自動化で生産性を高める最大の要因が人件費を必要としない点にあるということです。つまり、競争力を高めた国ほど雇用は減っていくという事実と向き合わなければなりません。アメリカではすべての労働者のうち10・3％、ドイツでは19・3％、日本では16・7％、中国では28・7％が製造業の工場労働者であるといわれています。少なくともこれら4カ国の大手製造業では、特殊なケースを除いて、大半の工場労働者が必要とされなくなる流れは避けられないのです。

小売業では無人店舗が増殖していく

アメリカで生まれたコンビニは、日本では50年あまり前の１９７１年に登場しましたが、日本で独自の進化を遂げて世界中に広がっていきました。今ではそのコンビニの店舗運営も、ＡＩを備えたカメラやスマートフォン決済の普及によって大きく変わろうとしています。

コンビニのレジの無人化で先頭を走っているのは、疑う余地もなく中国です。中国のコンビニの多くでは、来店客がスマートフォンをかざして入店すると、店内で選んだ商品をＡＩがカメラを通して認識し、レジではスマートフォンの電子決済を利用するという仕組みが導入されています。より新しい技術が入っているコンビニなどでは、店の出入り口に設置するカメラを使って来店客を顔認証するだけで、自動的に電子決済できるというシステムを導入しているところもあるくらいなのです。

クレジットカードが普及しなかった中国では、その代わりにＱＲコードを使った「アリペイ」や「ウィーチャットペイ」などの電子決済システムが浸透しているため、コンビニを中心に小売店の無人化は他の先進各国よりもハードルがかなり低くなっています。小売店側のほうでは高騰する人件費を削減できるだけでなく、偽札を受け取るリスクを回避できるというメリットがありますし、顧客側のほうでも店舗の人件費が安い分、商品の価格が少し安くなることに加え、レジに並ぶ時間やストレスがなくなるというメリットがあるのです。中国では小売店の無人化が加速度的に広がる環境がすべて整っているといえるわけです。

お隣の韓国では、コンビニ大手のイーマート24や韓国セブンイレブンが、2017年から無人コンビニの実験店舗を出店し始めています。実験店舗の運営でノウハウを蓄積し、将来的には無人コンビニの本格展開を考えているということです。来店客はクレジットカードをかざして入店すると、選んだ商品を持って決済カウンターに行き、自分で商品のバーコードを読み取るという手順で進んでいきます。最後にクレジットカードをカードリーダーに通して、買い物は完了するということになります。中国の無人店舗に比べれば少し手間がかかりますが、それでも来店客の評判は思いのほか良いといわれています。

ITとAIの分野では最先端にいるアメリカでも、アマゾンがレジを無人化したコンビニ「アマゾン・ゴー」を2018年に開業しています。買い物をするにはまず、専用アプリをスマートフォンにダウンロードし、アプリを設定する時に自分の支払い口座を登録する必要があります。来店客は入り口でスマートフォンをかざして入店し、その後はAIがカメラを通してすべての行動を把握してくれるので、商品を選んで店を出るだけでスマートフォンにレシートが送信されてくるというシステムで運用されています。ただ、中国と違うところは、来店客のプライバシーに配慮して顔認識は採用せず、衣類などの特徴をカメラで把握しているということです。

ＩＴやＡＩで遅れているといわれる日本でも、ＪＲ東日本が２０１７年から埼玉の大宮駅で無人店舗の実証実験を始めています。来店客は入り口でＳｕｉｃａ（スイカ）をかざして入店し、買い物が終わり出口まで来るとディスプレーに購入する商品名と合計金額が表示され、これをＳｕｉｃａで支払うという仕組みが採用されています。ＪＲ東日本は人手不足が目立つ地方を念頭に、無人店舗を広げていきたいと考えています。また、ローソンも２０１８年から深夜早朝のレジを無人化する実証実験を実施し、今後は効果が認められる店舗への導入を目指していく方針です。

中国では個人情報やプライバシーという概念が乏しく、大きな問題が生じない限りは規制を設けていないため、コンビニなどの無人化では中国が今後も世界をリードし続ける可能性が高いと考えられます。高精細の４Ｋや８Ｋの画像が普及していくにつれて、人間の眼の能力ではわからない違いまで見分けられるので、ＡＩ搭載のカメラは今以上に能力を発揮することができることになります。そのうえで、アマゾンにしても、ＪＲ東日本にしても、レジ無人化の仕組みそのものは中国のそれとあまり違いがなく、小売店の無人化の流れは程度の差こそあれ、着実に日本にも広がっていくことになるでしょう。

完全な無人化とはいわないまでも、世界中のファストフード店や飲食店では、レジなどの単純な作業は次々と機械に置き換わってきています。たとえば、マクドナルドやバーガーキング、ロッテリアといったハンバーガーチェーン店では、お客がスマートフォンや店舗のタッチパネルで注文・決済できるシステムの導入を急速に進めています。店員の作業は商品をつくって手渡すだけという店舗が加速度的に増えているのです。

ファストフード店や飲食店にかぎらず、多岐にわたるサービスを提供する店舗でも単純な作業をできるかぎり機械に置き換えているのは、やはり中国をおいて他にはありません。たとえば、中国の大都市部の中華料理店やレストランでは、お客が大勢いても店員の姿が見当たらないという光景は決して珍しくはなくなってきました。アリペイで店内のＱＲコードを読み取れば、お客は注文から料理完成の通知、支払いまですべてをスマートフォンだけで済ませることができるのです。店舗の経営者からは、人件費が大幅に削減できたうえに、お客の滞在時間が短くなり売上げが伸びていると、高評価を受けているということです。

中国の大都市部では2017年以降、無人店舗の開発競争が激化しています。コンビニや衣料品店などが相次いで無人店舗を開設しているほか、無人店舗の対象はベーカリー店や喫茶店、カラオケボックス、ホテルなどと幅広くなってきています。商業施設ではとりわけ、無人のカラオケボックスが数万店の規模にまで爆発的に拡大しています。中国では経済成長に従い人件費や家賃の高騰が続いているため、経営者側からすれば即座に効果が表れる無人店舗への期待は大きいのです。中国の調査機関である中商産業研究院によれば、中国の無人店舗の売上げは2022年に9500億元と、2018年の30倍に成長する見通しだということです。

これだけでも中国の技術革新を活かしたビジネスの変化の勢いは十二分に感じられるのですが、さらに新しい動向としては、顔認証や静脈認証などの技術を取り入れた「スマート自動販売機」が普及の兆しを見せ始めています。コンビニとの明確な違いは、人件費や賃料がかからないので運営コスト面で圧倒的に強みがあるということです。今後は大都市部のオフィスのほか、主要な空港や駅、公園などで設置が進む見通しにあるといいます。

コンビニの冷蔵食品ケースのような機械のなかには、飲料やパン、菓子などが陳列されています。利用客が自動販売機の指定の箇所に手をあてると、静脈で本人であることを確認し、ケースの扉が開くという順序で進みます。その後は、取りだした商品をカメラが認識し、ケースの扉を閉めた時点でアリペイによる決済が自動的に行われるということです。中国ではすでにスマートフォンですべてを行うことができる自動販売機がオフィスを中心に急速に広がっていましたが、新しいスマート自動販売機は品揃えの豊富さやスマートフォンが必要ないという利便性を武器にして、コンビニの客層を奪おうとしているのです。

マニュアルがある普通の仕事は激減が避けられない

無人化を目指す製造業の工場や小売業の店舗のほかにも、ＡＩはこれから様々な分野で活用されていきます。ＡＩがとりわけ効率化を促すのは、事務などの単純作業の分野においてです。工場や小売店、飲食店などでの作業を効率化するために、ＡＩやロボットの導入が加速化しているのと同じように、日本の大企業のオフィスでもＡＩとは少し性質が異なるものですが、単純作業を自動化するソフトの利用が広がり始めています。パソコンを使ったデータ入力などの繰り返し作業を担うのが、「ロボティック・プロセス・オートメーション（ＲＰＡ）」と呼ばれるソフトで、通称「ロボット」または「透明ロボット」と呼ばれています。

ＲＰＡが可能な作業は、売上の集計や伝票の作成、出退勤の管理、ネット上でのデータ収集、競合商品の売買調査など、実に多岐にわたります。具体的には、様々なデータをインターネットなどから拾って集計・グラフ化するという反復作業がありますが、あらかじめＲＰＡに作業の手順を覚えさせておけば、「ネットの検索→データの取得→データの入力→入力内容の確認」といった具合に、人と同じ手順で作業をすることができます。おまけに、コンピュータは疲れを知らず黙々と動いているので、人がしがちなケアレスミスを防ぐことができ、作業する速度は10倍、20倍といった調子に格段にスピードアップするのです。

ＲＰＡはもともと、ソフトメーカーであるオートメーションエニウェア（アメリカ）

やユーアイパス（英国）が２０００年代の初めに開発したものです。アメリカやヨーロッパの企業では10年以上前から利用が広がり始めていたのですが、日本の企業での導入は過労死が社会問題となったごく最近になってからです。日本ではＮＴＴデータが２０１５年に導入支援のサービスを開始しましたが、２０１７年から日本の大企業を中心に急速に利用が広がり始めているのです。人手不足が深刻化していくなかで、長時間労働を是正する「働き方改革」の機運が高まったため、労働時間の削減を急ぐ大手企業が次々に導入しているというわけです。

経済協力開発機構（ＯＥＣＤ）の加盟国36カ国のなかで、日本の時間あたり労働生産性は20位に甘んじていて、かねてから単純作業の見直しが必要であると指摘されてきました（図表3-5参照）。そもそも人が単純作業を長時間にわたって続けていると、集中力の途切れや肉体的な疲れなどから作業効率が落ちたりミスをしたりするため、生産性はなかなか高まりません。このような背景があって、ＲＰＡの需要は今後も引き続き強まっていくことが予想されています。

ＲＰＡの導入を巡っては、サントリーホールディングスやオリックスグループ、三

図表3-5　OECD 加盟36カ国の時間あたり労働生産性(2016年)

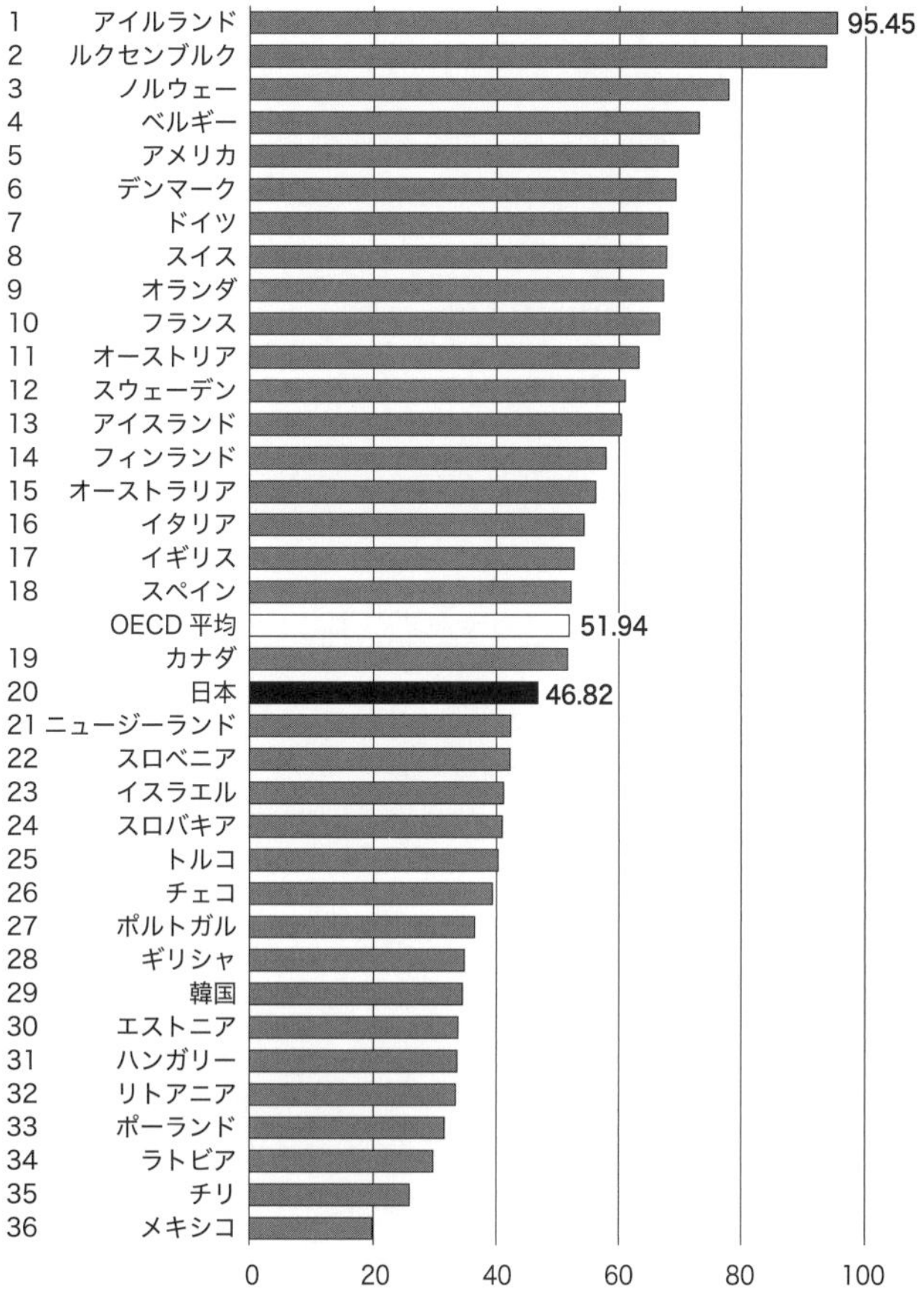

単位：購買力平価換算米ドル

出所：OECD

井住友フィナンシャルグループなどが約200種類の業務に採用するなど、大手企業が一斉にRPAによる業務の効率化に取り組み始めています。導入した企業の数だけをみると、日本が10年の遅れを取り戻し、すでに欧米に匹敵するまでになっているといわれています。導入した大企業の評価は上々で、実際に単純な作業でのミスが少なくなり、業務効率が上がっているということです。

さらには、中小企業でもRPAの利用が広がる環境が整ってきているようです。NTTデータやNECによれば、1種類の業務を処理するソフトの構築費用が30万〜100万円程度と、費用が抑えられるようになったのが利用を促進しているといいます。数億円の費用がかかる専用システムより大幅に投資を抑えられる計算が成り立つため、規模が小さい中小企業の引き合いが強いということなのです。大企業から中小企業にまで業務効率の向上が広がれば、たしかに日本全体の生産性が底上げされるのは間違いありません。

日本の企業におけるホワイトカラー業務の6割は定型業務化でき、そのうち8割をRPAで代替できるとされています。すなわち、RPAは定型業務の48%（60%×80%＝48%）を担うことができるというわけです。それは裏を返せば、ルール通りに働いている仕事のおよそ半分はなくなるだろうと思ったほうがよいということです。

ＲＰＡによる事務作業の効率化に加えて、ＡＩが担う仕事の分野も確実に広がっていく見通しにあります。たとえば、コールセンター業務においては、ＡＩが顧客との会話を分析しながら、最適な回答を探して答えてくれるオペレーター支援システムの導入が進んでいます。顧客からの問い合わせ内容に応じて、ＡＩは過去に学習した数万件の回答事例から最適な答えを瞬時に導き出すため、オペレーターが分厚いマニュアルを調べる必要がなくなったのです。経験の浅いオペレーターでも短時間で対応できるので、従来よりも短時間で対応できるようになり、顧客の満足度を高めることにもつながっています。

製造業の工場で起きているような自動化の動きが、ホワイトカラーの仕事にも爆発的に及んでいく情勢にあります。ＲＰＡの導入が進むだけでも、定型業務化できる事務作業のおよそ半分がなくなるだろうといわれています。そのうえ、ＡＩの導入までも進むことになれば、ＲＰＡとＡＩの組み合わせによって、単純な事務作業の6割〜7割は減らせるという試算もあるほどなのです。一般的にいって、マニュアルがある仕事の大半はＲＰＡやＡＩによって代替できるので、そこで人間が必要とされるのは、念のための確認作業（現実的には必要がないと思われる）や例外的な処理作業だけになると心得ておいたほうがいいでしょう。

銀行の人員削減は日本の産業界の先行事例になる

人口減少による顧客規模の縮小やＡＩの進展による競争の激化を見据え、メガバンクをはじめ多くの銀行は大幅な店舗と人員の削減を迫られています。たとえば、インターネットバンキングやコンビニＡＴＭの普及が広まっているなかで、三菱ＵＦＪ銀行の来店客数はこの10年間で４割減っているといいます。キャッシュレス化のシェアが拡大しつつあり、銀行の店舗やＡＴＭを利用するお客の数は減少の一途を辿っているのです。

三菱ＵＦＪ銀行は２０２３年度末までに、窓口で行員が接客する店舗を現状の５１５店舗から半減させる方針です。残る店舗のなかで、無人店舗を最大で１００店舗に増やし、６０００人の人員を削減するといいます。同様に、みずほフィナンシャルグループは２０２４年度末までに、傘下の銀行５００店舗のうち１００店舗を削減し、2026年度末までに1万9000人の人員を削減すると表明しています。三井住友フィナンシャルグループも2019年度末までに、銀行の全店舗で自動化を推進し、4000人分の業務量を削減するといいます。

金融機関のなかでも銀行はとくに、RPAやAIが活躍できる余地が大きいといえます。メガバンク3行はすでに、バックオフィスの事務作業にRPAの導入を積極的に進めています。RPAによる事務の効率化でもはや人員がいらないことがわかっているので、今後は業績の良し悪しに関係なく、新卒採用を大幅に減らしたうえで低水準の採用を続ける計画です。あるメガバンクの首脳は「RPAの導入だけで、人員削減の目途はすでに立っている」といいます。

そうはいっても、これから本格化するAIの導入も人員削減の後押しをします。メガバンクのなかには、窓口の業務において、AIが来店客との会話の内容を分析し、適切な受け答えをするロボットを導入しているところもあります。コールセンター業務でも、顧客との会話をAIが分析し、適切な回答を探し出すオペレーター支援システムが導入されているところもあるのです。

金融機関におけるAIの積極的な活用は、窓口やコールセンターといった業務だけでなく、与信や融資に関する業務、振り込み確認、クレジットカードの不正検知など、多岐にわたって進んでいくことが確実な情勢にあります。たとえば、金融業の中核業務である与信や融資においては、これまで従業員がその金額によって数日から数週間かけて審査していましたが、AIがビッグデータを分析すればものの数秒で判断することができるので、審査時間を驚くほどのレベルまで短縮することが可能となります。銀行ではAIの導入が加速することによって、生産性を大いに高めると同時に、花形の融資担当者の人員削減も進めることができるというわけです。

AIを活用した与信や融資において、もっとも先行しているのが中国です。中国のIT大手アリババのグループ銀行では、個人商店の運転資金の融資はすべてスマートフォンで完結する仕組みとなっています。スマートフォンから融資の申請をするのに必要な時間は数分程度、AIが融資の審査や融資可能額を数秒もかけずに判断し、審査が通った場合は希望融資額が電子決済サービス・アリペイの口座に数分で振り込まれます。アリペイとは中国の人々の90%超があらゆる消費に使っているスマートフォン経由の電子決済サービスですが、その決済から消費履歴はもちろん、経営者の学歴や交友関係、さらにはマイカーや住宅など資産の状況まで、信用調査に必要な情報を瞬時に把握することができるといいます。それらの情報を使って将来のモデルを解析し、資金回収の確率を民間銀行よりも大幅に引き上げることに成功しているのです。

実は日本でも、インターネット専業のソニー銀行が住宅ローンの仮審査にＡＩを使い始めています。それまでは審査に数日から１週間かかっていたのですが、その時間を１時間程度に短縮することに成功しています。審査結果を早く知りたいという顧客の希望に応え、融資の増加につなげるという狙いがあるといいますが、銀行がＡＩを融資に活用する裏には必ず業務の効率化があり、人員の削減が絡んでいると見て差し支えありません。仮審査から本審査へと移行して、審査時間がもっと短くなるのは時間の問題です。日本の銀行ではさらなる人員削減のために、ＡＩが他の業界に比べて積極的に使われていくことになるでしょう。

さらに銀行が厳しいのは、強力なライバルが誕生する見通しにあることです。大企業が膨大なデータを活用し、銀行を介さない新型の融資である「データレンディング」事業に相次いで参入しています。データレンディングでは、借り手の日々の決済や受注の状況、口コミの情報など、数百項目のデータからＡＩが信用力を精確に判断することができるとされています。人手をまったく使わず、コストがほとんどかからないので、少額の融資でも採算が取れるというメリットがあります。創業から間もないベンチャー企業では銀行融資のハードルは高いのですが、データレンディングではそういった企業でも門前払いにせず、信用力のみに応じて融資するのが特徴です。先ほど述べたように、アリババのグループ銀行が個人商店に行っている融資形態に似ているといえるでしょう。

世界でデータレンディングを初めて行ったのは、アメリカのＩＴの巨人・アマゾンです。２０１１年に同社に出品する企業への融資事業を始め、アメリカだけでなく日本やイギリスにも事業を拡大、同社サイトやＳＮＳサイトから販売や口コミのデータを収集し、幅広い企業に融資する事業モデルを構築しています。アマゾンと同じ事業モデルを取っている日本の企業には、楽天やリクルートホールディングスなどがあります。楽天は楽天市場の出店企業や楽天カードの加盟店に融資していますし、リクルートホールディングスは同社の旅行予約サイト「じゃらん」に登録する宿泊業者や情報サイト「ホットペッパー」を利用する飲食店などに融資しています。

潜在的に良質な融資先を奪われるという事態を避けようと、メガバンクは膨大なデータを持つ企業やＡＩを開発する企業との協業に動いています。たとえば、みずほ銀行はソフトバンクと組み、携帯電話料金の支払いなどからＡＩが信用力を見定めて個人に融資する事業を始めています。三菱ＵＦＪ銀行はＡＩ開発会社に出資し、中小企業向けのオンライン融資を始める予定です。

日本の銀行にとって最大の脅威は、アマゾンやグーグル、アリババなどが日本で銀行業を開始するということです。アメリカは規制によって銀行業への異業種の参入を事実上禁止していますが、日本はセブン銀行や楽天銀行など異業種の参入を認めています。世界中のビックデータを寡占しているこれらの企業が参入するとなれば、今の銀行という経営モデルは成り立たず、多くの地方銀行はもちろんのこと、メガバンクですら行き詰まる可能性があるのです。

アメリカの大手銀行であるシティグループが作成した銀行の未来に関する報告書によれば、２０２５年までに欧米の銀行業務の最大で３分の１が大手ハイテク企業や新興フィンテック企業によって置き換えられるということです。その余波を受けて、欧米の銀行員の３割が職を奪われることになるというのです。強力な競合相手としては、アマゾンやフェイスブック、アリババ、テンセントなどが挙げられています。

日本の銀行は欧米の銀行に比べて人件費などのコストが高く、生産性の改善が課題となっているといわれて久しいですが、これからはRPAやAIが生産性を大幅に引き上げるのとは裏腹に、賃金が高い銀行の雇用を破壊していくという趨勢が避けられないでしょう。果たしていったい、未来に失われる日本の銀行業務は、欧米のように最大で3分の1程度に収まるのでしょうか。職を失うことになる銀行員は、欧米のように3割程度で済むのでしょうか。いずれにしても、メガバンクの人員削減は、日本の産業界の先行事例となるのは間違いないことでしょう。

AIの時代にはエリートの地位も盤石ではない

AIが関わるのは頭脳の領域であるので、たとえ高度な知識を持つ専門職であっても、この先将来がずっと盤石であるという保証はありません。その専門職の代表格であるのが、弁護士、公認会計士、税理士、弁理士などの、いわゆる「士業(サムライ業)」と呼ばれる職種の人々です。AIはすでに極めて高度な知識を得ているのに加えて、今なお日々の学習を欠かさず進化を続けているので、職種的に安定しているといわれる士業の業務であっても、ＡＩの普及によってその大半が代替可能になっていくという流れは避けられないのです。

弁護士は難関試験を合格しなければならないエリート的な専門職でありますが、その主な業務である裁判については、ＡＩがかなりの割合で代替できるということがわかってきています。裁判に関係する学習を重ねてきたＡＩであれば、過去の膨大な判決や判例をすべて記憶しているので、これまで人が相応の時間を使って調べていた判決や判例を瞬く間に探し出すことができるのです。ＡＩは人のように感情に左右されることがなく、素早く正確に裁判の戦術を組み立てることで、最良の結果を導き出すための判断ができるというわけです。

また、裁判と同じように主な業務である契約書等の作成についても、契約書等に関連する学習を行ってきたＡＩであれば、過去の大量の契約書等を読み込み精査もこなしているので、圧倒的な速度と正確さで多種にわたる契約書等を作成することができます。実のところ、優秀な弁護士が１日かけて見つけ出した契約書の不備を、ＡＩはものの数秒で探し出してしまったという事例があるほどです。そのうえ、ＡＩは英語、中国語、日本語をはじめ、あらゆる言語を使いこなすことができるので、契約書等に関する業務全般が実用化の段階に入っているというのです。

これまでの業務の過程で費やされていた多くの時間がＡＩの導入によって節約できるとなれば、弁護士の仕事の効率性そのものは大幅に引き上げることができるでしょう。しかしそれは、ＡＩを上手く使いこなす弁護士あるいは弁護士事務所に仕事が集中するのと時を同じくして、多くの弁護士が仕事にあぶれてエリート街道から転落するという事態を表しています。弁護士だからといって、仕事がいつまでもあるとは限らないのです。

公認会計士も高度な知見を有する専門職ですが、弁護士以上にその業務は幅広い定型化が可能であるため、ＡＩによる業務の効率化の余地が非常に大きいといわれています。公認会計士が最も回避しなければならないのは、企業の悪質な不正会計を見逃してしまうということです。ところが、東芝の不正会計が２０１５年4月に公になるまで、ある大手監査法人はその不正会計を6年間ものあいだ見抜くことができなかったというのです。

ＡＩは膨大な資料やデータを読み込み、日々の分析と学習を重ねているので、人では見抜けない間違いや不正などに容易に気づくといわれています。ＡＩが東芝の会計監査を担当していれば、帳簿データから通常とは異なる取引を見つけ出し、不正の温床となった取引手法を見破ることができたはずです。実際に、多くの公認会計士がそのことを認識していて、10年後にはＡＩに仕事を奪われているだろうと、不安を抱えながら仕事をしているということです。

データ分析の自動化が進んできたアメリカでは、ＲＰＡの導入によって過去10年間で会計士が数万人規模で職を失ったといいますが、ＲＰＡと比べてはるかに精度が優れているＡＩを導入すれば、まったく自動化が進んでいない日本ではどれだけの会計士が必要とされなくなるのか、想像がつかないほどです。領収書と請求書がすべてそろっていれば、ＡＩは簿記の仕分け業務から税務申告書の作成まで自動的に行うことができます。ある大手の監査法人によれば、今後5年ほどで業務の8割がＡＩで代替することが可能だということです。控えめに見ても、公認会計士の業務の大半がＡＩに置き換わっていくのは避けられないでしょう。

税理士、弁理士といった専門職にも、弁護士や公認会計士と同じことがいえます。これまでの税理士であれば、企業・事業主の決算や税務相談を無難にこなしていくことで、それなりの役割を果たし続けることができました。また、弁理士であれば、特許に関する調査や申請といった業務を淡々とこなしていくことで、将来の仕事がなくなるなどと心配をする必要はありませんでした。

しかしながら、これからの税理士の仕事は、先の公認会計士のところで述べたように、ＡＩによってほとんどが自動化できることがわかっています。これからの弁理士の仕事も、クラウドを通じて数日で商標登録の可否が判定できるシステムが誕生し、やはりＡＩによって9割が自動化できるといわれています。これまで見てきたように、将来的には高度な知識を要する業務の大半をＡＩが代替できるため、専門職の人々の経営環境は激変していくことになるでしょう。通常では5年後には、少なくとも10年後には、今の仕事の大半はなくなっているといえるのです。

高度なスキルによって今まで成功を収めてきた人ほど、ＡＩの導入が進む社会に対する危機感は殊のほか強く、将来の生き残りを模索しながら試行錯誤を繰り返しているといいます。裁判にしても、会計監査にしても、税務の申告や特許の出願にしても、人の頭脳をはるかに凌駕するＡＩが瞬間的に正確無比な答えを出してくれるのが当たり前の時代になります。そこで必要になるのは、ＡＩの判断を最終的に確認する役割を担う一部の人たちだけになっていくでしょう。

医療の世界は大きく変わり、医師は受難の時代を迎える

最強のエリートといえば、みなさんはどのような職種をイメージするでしょうか。誰もがお世話になったことがある医師を思い浮かべる人が、少なからずいるだろうと思います。第1章で述べましたように、日本は年々人口減少が加速していくものの、高齢者数は2042年のピークまで増え続けていき、高齢化率は2065年のピークを迎えた後も高止まりが続いていく見通しにあります。そのような背景もあって、医師の地位は将来もずっと盤石だろうと考える人々がいても何ら不思議ではありません。

しかしながら、AIやロボットが医師の仕事の8割程度を代替できることが、アメリカでの実証実験などからすでに明らかになってきています。医師の主な仕事は患者の診察や薬の処方、手術などですが、医師が絶対にやってはいけないのは誤診であり、できるだけ避けなければならないのは手術の失敗であると思います。昨今、ありえない誤診や手術の失敗などによって患者が亡くなり、病院が謝罪に追い込まれるケース

が増えているという背景もあり、ＡＩやロボットが医師の役割の大半を補完するという潮流は、もはや逆らえないものとなっていくことでしょう。

アメリカの医療現場でのＡＩの実証実験においては、患者の症状や個人データ（年齢、性別、体重、居住地、職業、喫煙の有無など）を入力すれば、ＡＩが膨大なデータを瞬く間に分析して、病名を特定したり、適切な治療方法を割り出したりすることができるといいます。ＡＩは与えられたデータのみから患者を冷静に診断するため、人ならではの先入観や勘違い、見落としなどに起因する誤診をなくすことができ、すでに経験が豊富な医師よりも高い実績を残し始めているといいます。当然のことながら、正確な診断に基づいて、薬の処方も適切にできることが確認されています。

手術の分野でも、アメリカのインテュイティブ・サージカル社が開発した手術支援ロボット「ダヴィンチ」が、その性能の高さからアメリカだけでなく日本でも利用が広がってきています。従来、困難な手術は高い技量を持った医師に依存せざるをえませんでしたが、さすがにミリ単位の精密さが求められる手術では、いくら医師の技量が高いといっても自ずと限界がありました。ところがダヴィンチを使えば、手術をしている医師が手元を大きく動かしても患部付近の動きを小さくできるほか、手の震えをコンピュータで取り除くことができるのです。狭い空間での作業にも適しているうえに、人では不可能な精緻で複雑な動きもできるため、ダヴィンチである程度の練習や手術経験を積んだ医師であれば、困難な手術でも余裕を持って遂行できるようになるといいます。

２０２０年代後半～２０３０年代前半の医療では、ＡＩによって画期的な新薬が数多く誕生し、治療の方法が今と比べて劇的に変わっていることが想定されています。というのも、膨大な遺伝情報を学習したＡＩが患者の遺伝情報を精緻に解析し、個人レベルで最も適した治療や投薬を決めるという方法、すなわち「オーダーメイド型の医療」が実用化の段階に入っている可能性が高いからです。

これまでの創薬の分野は、巨大製薬メーカーしか取り組むことができないという現実がありました。新薬を一つ開発するためには、１０００億円以上の費用と10年以上の歳月を要するのが当たり前だったからです。ところが、ＡＩの凄まじい進歩が創薬の分野でも抜群の効果を見せるようになり、大幅な費用圧縮と時間短縮の双方を可能にすることが明らかになってきています。

その甲斐があってか、多くのベンチャー企業がＡＩを活用した創薬に取り組むようになっています。たとえ医療の専門知識がなかったとしても、ＩＴのエンジニアがＡＩを駆使しながら、新しい薬を開発することが可能となっているのです。その結果として、今までの大手メーカーによる開発では実現しなかった新薬が、これからは次々と生まれるだろうと期待されているというわけです。

ですから、10年～20年後の癌の治療がどうなっているのかを考えた場合、ＡＩによって患者の遺伝情報を読み解き、異常な遺伝子を新薬で修復することで癌を簡単に治癒できる方法が主流になっているのではないでしょうか。つまり、癌細胞が増殖する原因となる遺伝子を突き止めて、それを正しい状態に戻す新薬を投与するという治療方法が一般的になっているというわけです。

そして、瞭然たることですが、この治療方法は癌に限らず、あらゆる病気に対応することを想定しています。からだへの負担が大きい手術や、効かない治療をくり返すことによる体力の消耗をできるかぎり避け、病気にあった薬で治そうとする未来の医療は、患者にとっては非常にありがたいものであるといえるでしょう。

また、患者の病状に適合した薬が見当たらず、やむをえず手術を選択する場合でも、従来の人の手だけに頼る手術とは大きく様変わりしたものになるでしょう。未来の手術室では、今より進化したＡＩ内蔵の手術支援ロボットが医師に対して、手術の手順を注意点も含めて詳細にナビゲートしたうえで、ＶＲ（バーチャル・リアリティ）が患者の体内を可視化して１ミリ以下の癌も逃さない、そのような医療現場の光景が日常のものになっているでしょう。ダヴィンチは価格や維持費が高いため、導入しても採算が合わない病院が多かったのですが、今後10年以内に手術支援ロボットの市場でも低価格競争が起こり、ロボットを使う手術は広く普及が進むと見られているのです。

おまけに、治療費に占めるシェアが増加傾向にある癌については、その早期発見・発症前発見につながる新薬や新技術が相次いで登場してくる見通しにあります。欧米の大手製薬メーカーやベンチャー企業などでは、血液検査で癌を早期に発見できるのはもちろんのこと、血液から癌の種類を割り出す試薬や、血液検査で癌を発症前に発見できる技術の開発が進んでいます。

日本のハイテク企業や研究所などでも、癌になる直前の病変を発見できる内視鏡診断システムが開発されただけでなく、尿検査だけで乳癌や大腸癌を発見できる技術も確立されています。顔認証技術を用いて顔を診断することによって、早期癌と前癌病変の発見率を98％まで高めた技術までができているというのです。ＡＩの力を借りて早期発見・発症前発見が浸透していくという流れは、長期入院する患者が確実に減っていくという未来を意味しています。

先にも述べたとおり、日本の高齢者数は２０４２年でピークを迎える見通しにありますが、それ以降はそれまでの増加ペースを上回るかたちで急激に減少していきます。２０４２年以降も高齢化率が上昇していくとはいっても、高齢者数の絶対数は大幅に減少していく傾向にあるのです。それに加えて、ＡＩやロボットが医師の仕事を奪っていくようになれば、医師の供給過剰な状態は想定している以上に深刻になっていくはずです。

厚生労働省の「医療従事者の需給に関する検討会」で示された推計では、全国の大学で医学部の定員を増やしたことによって、医師数は２０１６年の31万４７３４人から２０２８年には34万９４３３人にまで増えるので、高齢化に伴う医師の需要増をまかなえる見込みだということです。ところが、医師数は２０４０年にさらに37万１３１２人にまで増えるにもかかわらず、患者数は頭打ちの状況が鮮明になって

図表3-6　医師供給数の推計

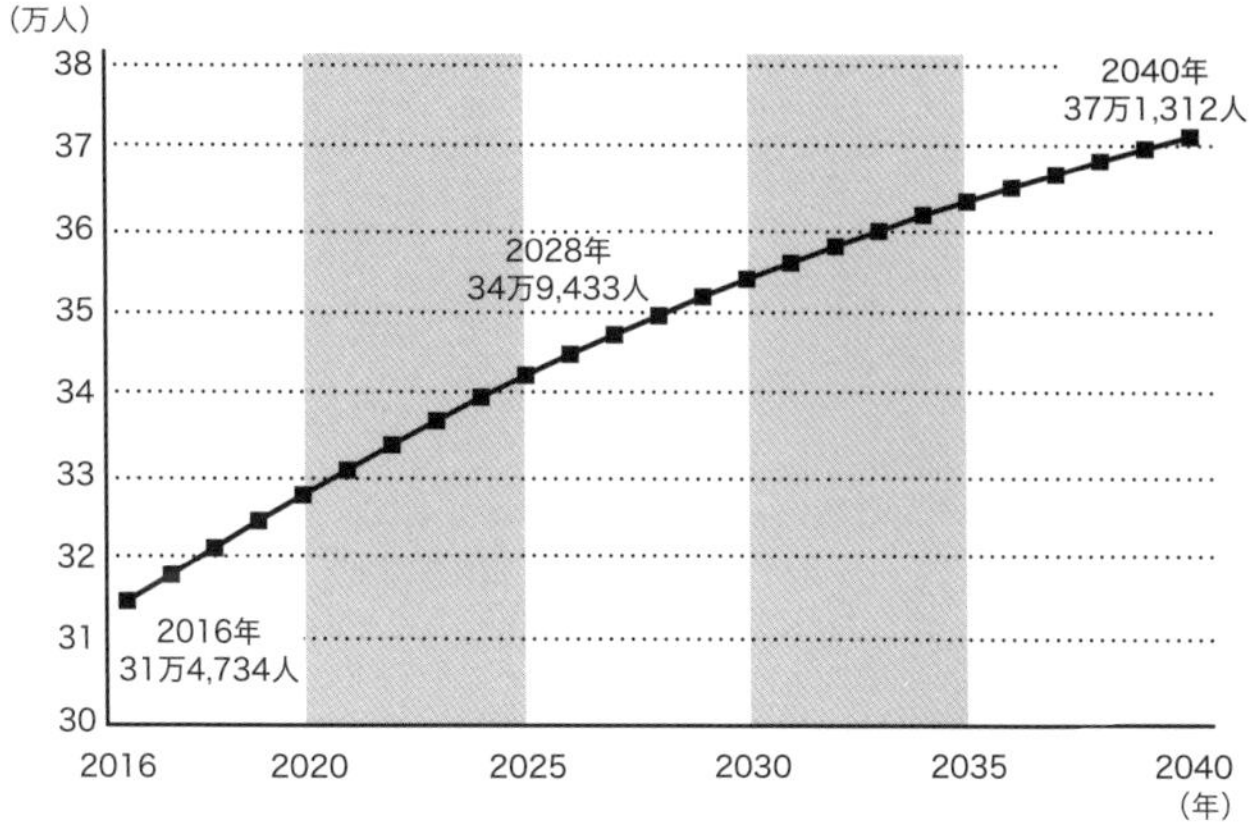

出所：厚生労働省「医療従事者の需給推計について」

いくので、２０４０年には医師の供給が需要を３万人も上回ってしまうというのです（図表３－６参照）。

この推計における問題点というのは、あくまで人口動態の推移だけを考慮に入れたものであり、ＡＩやロボットによる技術革新をまったく無視してしまっているということです。早ければ２０２０年代後半、遅くとも今から20年後には、ＡＩやロボットが医師の仕事の８割程度を代替することができるようになります。そうした時代の医師の主な役割は、ＡＩの判断を最終的に正しいか確認するだけなので（診療の最終的な責任は医師にあるという規定は将来も変わりません）、必要とされる医師の数が劇的に少なくなることは避けられないのです。これから到来するＡＩ社会では、医師であっても淘汰の波に抗うことはできないでしょう。

第4章

私たちの仕事はどう激変するのか

新しい技術革新が格差拡大をいっそう推し進める

AIとITの技術の組み合わせによる第4次産業革命が加速度的に広がっていくなかで、世界のGDPは史上最速のレベルで成長しています。新しい技術にはそれ自体に生産性と所得を押し上げる要素はありませんが、その利用が社会に浸透していって初めて生産性と所得を押し上げるという効果を発揮します。経済のグローバル化が進む以前は、ある技術が広く社会に行き渡るには数十年単位の時間がかかりましたが、昨今は1年~2年単位で急速に普及するようになっています。この普及のスピードの速さが、史上最速に近い経済成長を生んでいるのです。

それでは、AIやITで世界のトップを走っているアメリカでは、国民の生活は豊かになっているのでしょうか。たしかに、アメリカの失業率はリーマン・ショック後の2009年には10・0%に達していたのですが、その後は景気の拡大を追い風にして2018年には4・0%前後で推移しています。一握りのIT企業が大幅に生産性や賃金を引き上げることによって、アメリカの経済成長を牽引しているなかで、ネッ

図表4-1　アメリカの実質GDPと実質世帯所得の中央値の推移（2000年～2016年）

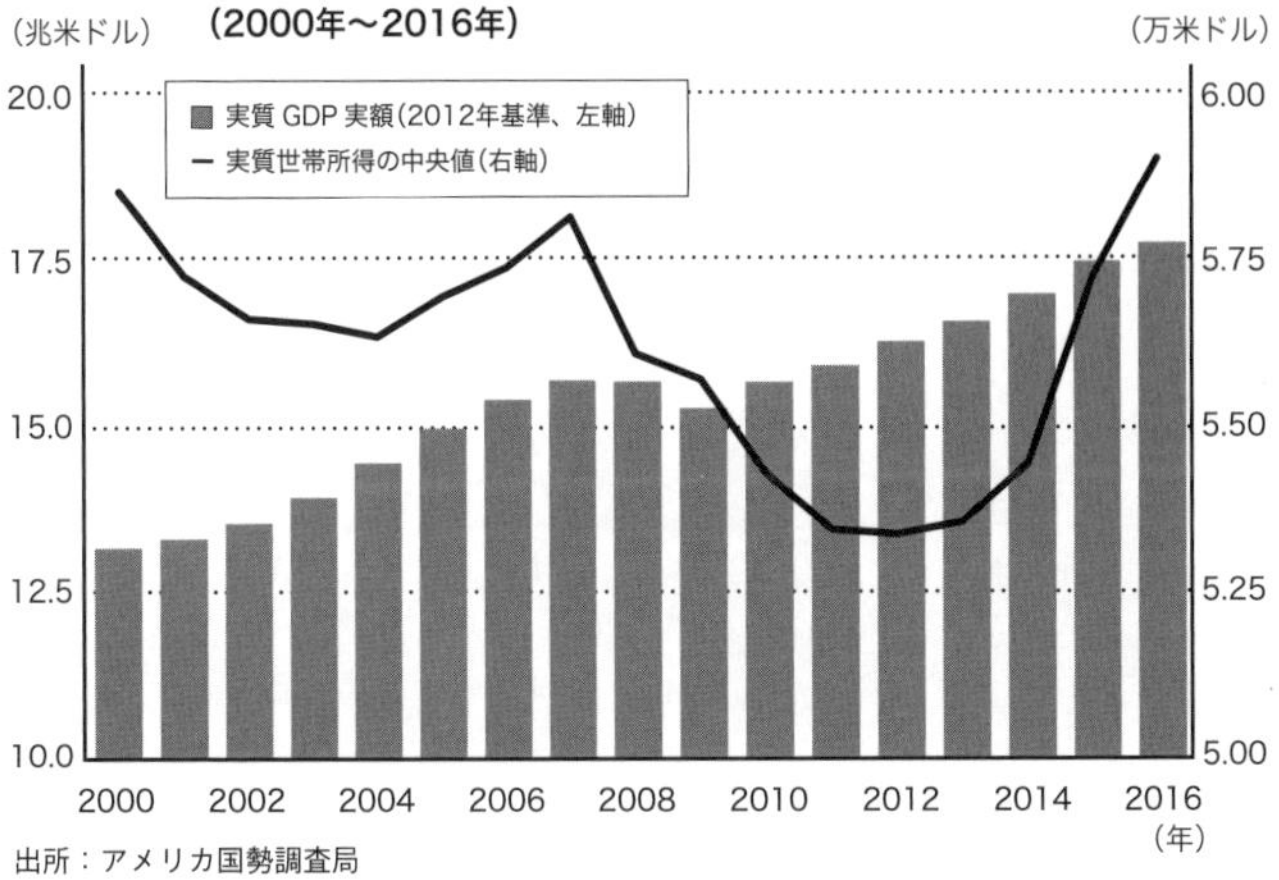

出所：アメリカ国勢調査局

ト通販やソーシャルメディアなどを通じて、日常の生活がとても便利になったと感じている人々が多いのも事実です。

しかしその一方で、２０１６年の１世帯あたりの実質所得（中央値）は５万９０３９ドルと、未だに２０００年とほぼ同じ水準にとどまっています（図表４-１参照。※アメリカでは他国と比べて格差があまりにも大きいため、所得に関する統計を見るときは、単純な平均値で見るよりも中央値で見るほうが適当です）。順調そうに見える経済成長とは裏腹に、新しい技術革新の時代に順応できない多くの人々が低賃金の雇用に甘んじ、格差の拡大が史上最悪の水準を更新しようとしているのです。

アメリカのIT市場を席巻しているアップルやグーグルなどの企業は、巨大な設備や労働集約的な仕事を必要とする伝統的な重厚長大産業と比べると、莫大な利益を上げて株価が高いにもかかわらず、多くの良質な雇用を生むという要素が恐ろしいほど少ないといえます。

たとえば、アメリカの株式時価総額でトップ5を誇るのは、アップル、アマゾン、アルファベット(グーグルの持ち株会社)、マイクロソフト、フェイスブックですが、これら5社の時価総額合計は2018年7月末の時点で3兆9445億ドル(約441兆円)(※当時の為替で換算)と実に巨額であるのに、従業員数は合わせて93万人程度しかいない状況です。さらには、これら5社から現場倉庫で勤める低賃金の従業員が多いアマゾンを除外すると、他の4社の時価総額合計は3兆776億ドル(約344兆円)と相も変わらず巨額であるのに、従業員数はたったの37万人程度に減ってしまうというのです。

日本のトップであるトヨタ自動車の株式時価総額が同じ時点で約24兆円、従業員数

図表4-2　アメリカのＩＴ５社とトヨタ自動車の比較

1ドル＝111.86円で換算

企業名	時価総額（2018年7月末）	従業員数
アップル	9,190.9億ドル（102兆8,094億円）	12万3,000人（2017年12月末）
アマゾン・ドット・コム	8,669.3億ドル（96兆9,747億円）	56万3,100人（2018年4月末）
アルファベット（グーグルの親会社）	8,468.2億ドル（94兆7,252億円）	8万5,050人（2018年3月末）
マイクロソフト	8,134.4億ドル（90兆9,913億円）	13万1,300人（2018年6月末）
フェイスブック	4,982.8億ドル（55兆7,376億円）	3万275人（2018年6月末）
トヨタ自動車	2,189.8億ドル（24兆4,561億円）	36万9,124人（2018年3月末）

出所：各社資料

が37万人程度であることを考えると、技術革新によっていくらＩＴ企業の利益が膨らみ株価が上がり続けたとしても、その恩恵は労働者全体に広く行き渡っていないという現実がわかります（図表4－2参照）。今となっては、経済の生産性を高めると持て囃されている技術革新は、ほんの一部の企業による利益の寡占を生み出してしまったばかりか、それらの企業が稼ぐ巨額の利益を、ごくわずかの創業者、その企業の経営陣や従業員、強欲な株主という三者で分配する仕組みまでつくりあげてしまっているのです。

ＩＴ企業が稼いだ莫大な利益は数少ない富裕な人々に集中的に流れ込み、大多数の労働者にはあまり還元されなくなっているというわけです。

ＩＴ企業は製造業などとは異なりあまり設備投資をする必要がないので、Ｍ＆Ａ（合併・買収）や自社株買いに利益の大半を使う傾向が強いといえます。たとえば、２０１７年にアマゾンは米高級スーパーチェーン・ホールフーズのＭ＆Ａに１３７億ドル（約1兆５０００億円）もの資金を投じ、アップルは２０１８年5月に１０００億ドル（約11兆９８００円）もの自社株買いを実施すると発表しました。Ｍ＆Ａで巨額の富を手にするのは、Ｍ＆Ａをされる企業の創業者や経営陣、大株主です。自社株買いでいちばん潤うのは、自社株買いをされる企業の創業者や経営陣、大株主です（該当する企業の従業員は、報酬の一部が株式やストックオプションであるため、それなりの富を手に入れることができます）。いずれにしても、資本家といわれる人々が莫大な財を成すというシステムであることには変わりがありません。

世界有数の経済誌『フォーブス』が公表している「世界富豪ランキング２０１８年版」によれば、1位はジェフ・ベゾス氏（アマゾンの創業者兼ＣＥＯ）で１１２０億ドル（約12兆１０００億円）、2位はビル・ゲイツ氏（マイクロソフト創業者）で９００億ドル（約9兆７０００億円）、5位はマーク・ザッカーバーグ氏（フェイスブック創業者兼CEO）で710億ドル（約7兆7000億円）と、大手IT企業の創業者が顔を並べています。翻って、ITの労働市場への浸透によって、低賃金で不安定な労働が増加する傾向が続いています。ネット経由で単発の仕事を依頼したり受注したりする「ギグ・エコノミー（ギグ経済）」が、アメリカを中心に先進国で広がってきているのです。

ギグ・エコノミーといわれる所以は、「バンドの一夜限りの演奏（ギグ）」から「単発の仕事」という意味に転じて使われるようになったからです。いかにも格好のよいネーミングですが、実際のところは、日雇いで請け負うディスカウントされた労働にすぎないという現実があります。アメリカではギグ・エコノミーに従事する人々がすでに1億人を超えていて、組織に縛られない自由な働き方がメリットとして強調される反面、収入や待遇があまりにも劣悪なために労働問題として取り上げられるケースは枚挙に暇がないのです。このようにITを駆使して大富豪になる人とITを介して低賃金に甘んじる人のあいだには、新しい技術による生産性向上がもたらす格差拡大の問題が潜んでいるというわけです。

そもそも経済のグローバル化によって、アメリカをはじめ先進国では海外から安価なモノ・サービスが流入したのに加えて、労働分配率が低下する傾向が長らく続いてきましたが、近年のＩＴにおける技術革新によって、その傾向はますます強まってきているようです。そのような厳しい状況のなかで、これからは単純な仕事から高度な仕事までＡＩ化・自動化が進んでいく流れにあるので、労働分配率はなおいっそう低下していくことになるでしょう。ＡＩを軸とする第４次産業革命が社会に広く浸透していくことによって、私たちの生活では利便性がさらに高まるとはいうものの、やはり生活水準は劣化していくと見るのが妥当であるように思われます。

経済学者の常識的な考えは通用しない時代へ

ほぼすべての経済学者は今でも、技術革新（イノベーション）が経済を活性化させる最大の原動力になると信じています。技術革新により生産性が上がれば、経済の成長力が高まると同時に、雇用の増加や賃金の上昇が起こるだろうと考えているからです。

経済学における常識では、〔ＧＤＰ＝人口×労働参加率×労働生産性〕〔経済成長率

＝人口増加率＋労働参加率の上昇率＋労働生産性の上昇率」という式で平易に表すことができるので、彼らが「先進国全体で労働力人口の伸びが鈍化しているので、労働生産性を大幅に高めるのが必要である」という見解を述べるのは理解できます。だからといって、「ＡＩやロボットによる労働力の代替は、経済にとって大いに歓迎されるべきである」という楽天的な結論に持っていく彼らの思考回路が、私にはなかなか理解しがたいのです。

たしかに20世紀の世界であれば、新しい技術が新しい需要をもたらし、新しい雇用を生み出すことができました。その代表例として挙げられるのは、20世紀以降の自動車・航空機・電気における技術革新（第２次産業革命）が莫大な産業集積を必要とし、大量の良質な雇用を生み出したという事実です。これらの産業は工場や機械といった設備を必要とし、さらには、高度化に伴い順次更新していく必要があったため、企業は大型の設備投資をくり返し行い、それは他の産業にも多くの雇用や恩恵をもたらしました。まさに経済全体の生産性を上げ続けることによって、先進国の賃金は右肩上がりに推移していったというわけです。

これに対して、これから国家や企業がしのぎを削ろうとしている技術革新は、これまでとはまったくプロセスの異なるものです。21世紀以降のＩＴ、ＡＩ、ロボットによる技術革新（第４次産業革命）は、コストを抑えるために自動化を最大限にまで推し進め、これまでの産業集積や良質な雇用を破壊していくという性格を持っています。生産性が飛躍的に高まることで、経済の成長力が高まるというのはある程度は肯定できるものの、先ほど述べたように、資本家の取り分が圧倒的に増えるかたわらで、労働者の取り分は増えるどころかむしろ減ってしまうという好ましくない結果を生み出してしまうのです。

多くの経済学者は「ＡＩが人間の仕事を奪う」という懸念に対して、「ある種の仕事は必ずなくなるが、新しい仕事も生まれるので心配ない」とお決まりのようなフレーズで答えます。その根拠となっているのが、歴史を振り返ってもそうであったということです。

たとえば、18世紀後半の英国で機械設備を持つ大工場が登場し、毛織物や綿製品など繊維製品の大量生産が可能になる（第１次産業革命）と、手作業で繊維製品をつくっていた職人たちが次々と職を失うことになりました。しかし、大量生産により繊維製品の価格が急落したことで、ヨーロッパ全体で繊維製品の需要が急拡大することとなり、工場労働者という新しい職種を生み出していったのです。

同じように、20世紀のアメリカでも自動車の大量生産が可能になる（第2次産業革命）と、自動車の価格が大幅に下がったので、一般の人々にも自動車が普及していきました。そのあおりを受けて、多くの馬車業者の仕事はなくなっていきましたが、自動車が一大産業として成長し莫大な雇用を生み出していったのです。その過程では、工場労働者に含まれる機械工や修理工のほかにも、技術者や営業、経理、事務といった新しい職種も誕生していったというわけです。

たしかに過去の産業革命においては、失われた雇用より新たに生み出された雇用のほうが圧倒的に多かったというのは、紛れもない事実であります。しかしそれは、21世紀と比べてモノが溢れていない時代であったのに加えて、自動化されていない仕事がまだ多く残されていた時代であったからこそ、成り立っていたということはできないでしょうか。そのような考え方を踏まえて論点とすべきなのは、新たな第4次産業革命の時代で失われる雇用は生み出される雇用よりどれだけ多いのかということに尽きると思います。

これから普及が急速に進むＡＩについても、ＡＩを教育する業務、ＡＩが出した結果を説明する業務、ＡＩの成果を検証する業務など、新しい職種ともいえる仕事が生まれてきてはいるものの、これらは自動化される仕事に比べればあまりに少ないといわざるをえません。第3章の冒頭では、アマゾンのビジネスの拡大によって小売業の雇用がいかに脅かされているかを説明しましたが、ＡＩの場合はネット通販とはまったく次元が異なり、ＩＴと結びつくことであらゆる業種の雇用を大幅に削減できるのは間違いないとされているからです。

アメリカのマッキンゼー・グローバル研究所の調査研究によれば、2025年までに全世界で1億人以上の知的労働者の仕事をＲＰＡなどの自動化ソフトが代替するということです。さらには、2030年までに全世界で最大3分の1、通常の推計で15％の雇用がＡＩやロボットに置き換えられるということです。

また、日本経済新聞とフィナンシャル・タイムズの共同調査研究によれば、人が携わる約2000種類の業務のうち、3割程度はＡＩやロボットへの置き換えが可能であるといいます。労働者が定型業務に携わる割合が高い日本に限っていえば、実に5割超の業務が置き換えできるというのです。

その他の様々な調査研究でも、単純作業に従事する労働力は自動化によって5割減らせる、あるいは6割減らせる、あるいは7割減らせるといった分析がなされています。そのうえ、高度な知識が求められる仕事であっても、職種によって5割〜8割の範囲で代替が可能だという衝撃的な結果も報告されています。

結果的にどの調査研究が正しい数字に近いのか、それは誰にもわからないことです。ただ確実にいえるのは、これから10年後、20年後の大きな時代の流れでは、ＡＩやロボットの普及はブルーカラーやホワイトカラーの仕事だけでなく、高度な知識を必要とする仕事さえも大いに奪っていくということなのです。

アメリカの経営者の本音から、雇用の将来が見えてくる

アメリカで優秀な経営者とは、企業のコストを引き下げると同時に、業務を効率よく改善できる人のことをいいます。経営者の立場からすれば、ＡＩやロボットへの投資を進めれば進めるほど、人件費を抑えるようになるのは当然のことです。実際に、リーマン・ショック後の欧米では、単なるロボットへの投資によって人件費を削減す

図表4-3　S&P500の1株あたり営業利益とアメリカの労働分配率の推移
(2000年第1四半期～2018年第2四半期)

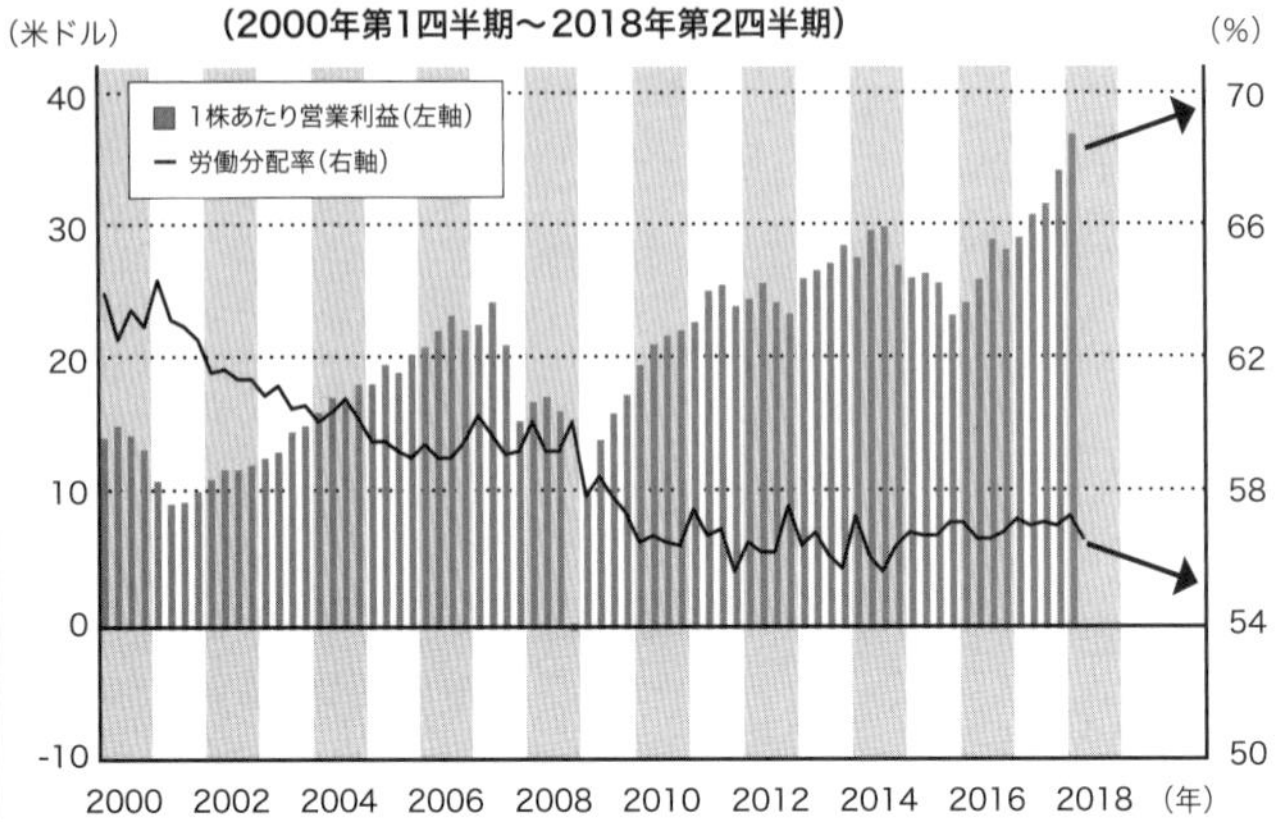

出所：アメリカ労働省、S&P ダウ・ジョーンズ・インデックス

る傾向が顕著になっていたのですが、これからは数多くの業務で人からＡＩ・ロボットへの代替が浸透していくので、労働分配率は引き続き下がっていく傾向を保っていくことになるでしょう（図表4-3参照）。

今のところ、アメリカの大企業の経営者たちのあいだで秘かに話し合われているテーマは、「ＡＩ化・ロボット化を進めるにあたって、どのくらいのペースで進めていけば、世論の強い反発を受けずに済むのだろうか」ということです。本当のところは、皆が一気にＡＩやロボットへの投資を推し進めたいはずですが、その成果としてあまりに人件費を削減しすぎてしまうと、メディアの批判や国民の不買運動の対象になるのではないかと恐れているのです。

経営者たちが人件費の削減を望んでいる背景には、最低賃金の引き上げがあります。アメリカではワシントンやカリフォルニア、ニューヨークをはじめ18州19都市において、2018年から最低賃金が大幅に引き上げられているのです。ワシントンの最低賃金は0・50ドル引き上げられ11・50ドルに、カリフォルニアは0・50ドル引き上げられ11・00ドルに、ニューヨークは0・70ドル引き上げられ10・40ドルになっています。

さらには、州とは別に市レベルの最低賃金はもっと高いところもあり、たとえばロサンゼルス市は2018年に13・25ドルに引き上げられていますし、ニューヨーク市やサンフランシスコ市などは15・00ドルに引き上げられる予定です。企業の側からすれば人件費の上昇幅があまりに大きいため、その上昇分を吸収するためには製品やサービスを値上げするか、従業員を減らすしか選択肢はありません。格差社会を解消しようと行政が賃金の引き上げを追い求めれば追い求めるほど、産業界では雇用の削減を加速したい誘惑に駆られるという皮肉な現実が待っているというわけです。

そもそも昨今の経済構造の変化を直視すると、生産性が上がれば雇用も賃金も増えるという考え方は幻想に近いといえます。マネーの量が増えれば物価が上がるというのと同じくらい、現実の世界や経済を無視した愚かな考え方なのです。その証左として、アメリカでは2007年から2016年にかけての10年間で、製造業の生産性は年率で1・4％上昇しましたが、労働投入量は年率で1・1％減少することになり、雇用の減少が生産性の上昇を牽引したことが明らかになっています。

その反対に、介護の生産性は年率で0・9％下落しましたが、労働投入量は年率で2・8％も増加していました。製造業の生産性は介護のおよそ4倍であることを考えると、アメリカでは生産性の高い産業から低い産業へと雇用が移動していることも明らかになっています。私たちはたとえ生産性を重視するアメリカであっても、生産性が上昇した分野では雇用が減っている一方で、生産性が下がった分野では雇用が増えているという事実を、決して見逃してはいけないのです。

それでは、なぜ経済全体の生産性が上がらないなかで、経済が成長し続けることができたのでしょうか。それは、ＦＲＢの金融緩和によってもたらされた低金利の恩恵を受けて、借金に依存した消費が拡大基調にあったからです。おまけに、低金利の裏返しで不動産価格や株価が大幅に上昇し、その資産効果もあって借金による消費の拡大を助長してきたのです。経営者の多くがそのことを肌感覚でわかっているので、借金依存の消費が失速して景気が悪くなる前に、できるだけ人件費を削減して筋肉質な経営を心がけようとしています。

これに対して経済学者のなかには、ＡＩやロボットによって生産性を引き上げることができれば、労働者の仕事量はかなり減ることになるので、余暇が増えて人生をより楽しむことができると考えている人々が意外に多いという実態があります。彼らはおそらく、21世紀の実体経済が20世紀の経済構造や雇用環境の延長線上にあると錯覚してしまっているのでしょう。ところが現実には、専門家の想定を超えてＡＩの進化があまりに速すぎるために、労働者の雇用が脅かされる度合いが殊のほか高まってきているのです。

たしかに、技術力や生産性が上がることによってモノやサービスの価格が下がっていくなかで、人々の生活の利便性や快適さは向上していくのかもしれませんが、その代わりに労働分配率が低下し続けていくようなことがあれば、余暇が増えて生活が豊かになるということは決してありえないことです。実質的に所得が増えないことには、生活が豊かになるということはないからです。生活コストが下がるのに反比例して賃金が上がるという上手い話は、今のアメリカの経営者の考え方を見ているとまったく想像ができません。

ほぼすべての経済学者はこれまで、労働分配率がある程度の水準に下がっていけば、そのうち人件費の割安さが意識され、所得は上がるようになると考えてきました。しかしながら、アメリカでは多くの企業が人件費の安い新興国などに工場を移転する環境のもとで、労働組合の組織力が弱体化し、労働者が経営陣に希望する賃上げを認めさせる力が落ちてしまいました。それゆえに多くの経済学者は、技術革新（イノベーション）こそが停滞する経済を再び活性化させる推進力になると未だに信じています。

ところが、彼らが信じてきた技術革新は今や、ほんの一部のＩＴ企業が主導しています。従来の形の産業では、市場の独占は消費者の利益を損なうとして、独占禁止法で厳しく規制されてきました。片や、デジタル情報を扱うＩＴの世界では、大量のデータを持っているほど消費者に利便性の高いサービスを提供することができます。利用しやすいサービスを提供する企業はさらにデータを集めることが可能となり、そのようにして市場の独占が進んでいくのです。データの世界では市場の独占に対する法的な規制がないため、技術革新が競争ではなく寡占を生み出してしまっているというわけです。

大手ＩＴ企業の経営トップたちは、かつての金融業界のトップたちと匹敵するほど強欲な資本家です。彼らは経営する企業が利益を膨らませるためには、政治や法律ばかりか社会までも変えようとしているからです。その証左として、大手ＩＴ企業は従業員数が少ない割には多くの政界ロビー要員を抱え、ロビー活動に多額の費用をかけています。歴代大統領のスポンサーであるウォール街をも味方につけているので、非常に厄介な存在であると見受けられます。

アメリカでは格差の拡大が史上最悪のレベルにまで進んでいるといわれて数年経ちましたが、この先さらにＡＩやロボットが本格的に普及する時期に入っていくことになれば、アメリカの失業率は２０１８年の４・０％前後から２０２０年代後半には、10％を超えるまでに悪化していることも十分に考えられます。人口が増え続けているアメリカでは、日本より雇用悪化の度合いが強まるのは間違いないことでしょう。

２０１０年代から始まった「破壊的イノベーション」の勢いを見ていると、すでに諸手をあげて喜べるような時代ではなくなったといえるでしょう。

日本の失業率はオリンピック後に上昇に転じる

２００７年にｉＰｈｏｎｅが誕生してから11年あまりが経ちましたが、ガラケーといわれる携帯電話が全盛だったその当時、現在のスマートフォンの席巻ぶりを予想できた人がどれほどいたでしょうか。新しく価値あるモノはその普及期に入ると、爆発的な伸びを見せながら広まっていきます。スマートフォンの先駆けとなったアップル社のｉＰｈｏｎｅは最初の5年間の販売台数が平均して前年比で2・4倍超も伸びていたのです（図表4-4参照）。

ｉＰｈｏｎｅの爆発的な拡大を見ても、日本におけるＡＩ（ＲＰＡも含む）の黎明期が２０１７年であるとすれば、ＡＩやロボットを導入する大企業・中小企業の数は、２０１８〜２０２２年の5年間で前年比2倍のペースで増えていっても何ら不思議ではありません。すなわち、２０１８年以降の5年間は2倍、4倍、8倍、16倍、

図表4-4　iPhoneの販売台数の推移（2007年〜2018年第3四半期）

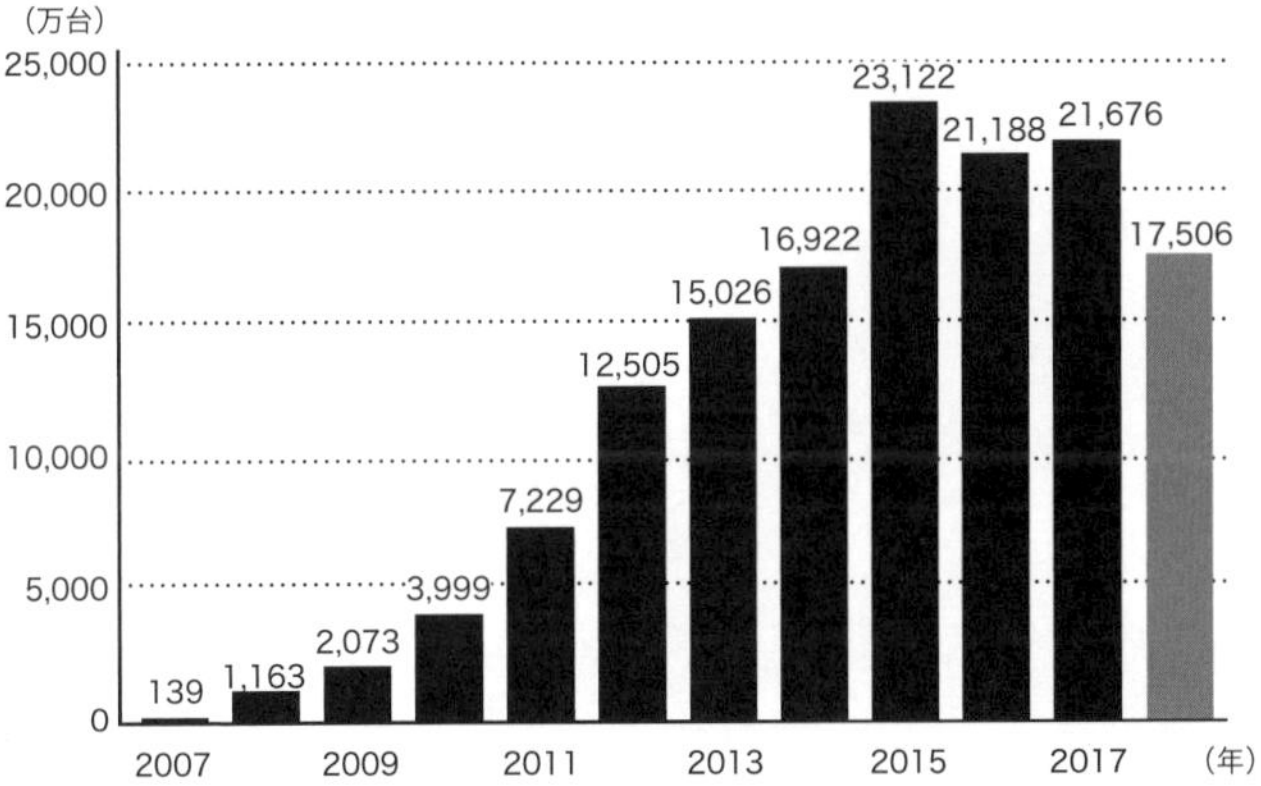

※アップル社の決算期は9月期。2017年までは決算期末、2018年は第3四半期までの数字。
出所：アップル社資料

32倍と倍々ゲームで大企業への導入が進み、それ以降は多少伸びが鈍化していくものの、10年単位で見れば経済に大きな変化を及ぼす可能性が高いといえるでしょう。

これからの日本は、少子高齢化が加速度的に進むなかで、総人口より労働力人口の減少率が大きく慢性的な人手不足に陥ることが懸念されています。そのような社会では、ＡＩやロボットの導入は人手不足を乗り越えるための重要な手段となることは間違いありません。

日本の労働力人口は２０２０年には２０１５年と比べて３２２万人、２０３０年には８５３万人、２０４０年には1751万人も減少していくのですから、AIやロボットは人手不足を解消するだけでなく経済の生産性を大幅に高めるため、それなりの期待をしていいというのも事実です。

とりわけ団塊世代が定年を迎え始めた2012年以降は労働力人口が大幅な減少傾向にあるのに加え、2017年以降は世界的な景気回復により輸出の増加が重なったため、人手不足は深刻化の一途を辿っています。その結果として、2018年の前半(1月〜6月)の失業率は平均で2・4%と低水準で推移しているなかで、多くの企業がAIやロボットで徹底した効率化に取り組むのは、必然の流れであるといえるわけです。

今の日本では労働時間が長い割にはその成果が小さく、とくにサービス業ではその傾向が著しいといわれていますが、これは裏を返せば、日本の生産性は改善する余地が大きいということを表しています。そのような日本の現状を鑑みて、経済学者の方々の多くが「人口減少をバネに生産性を高めていけば、日本は経済成長を続けることができる」と主張するのは、決して間違っているとは思いません。ただし、このような主張を際限なく肯定して推し進めることがあれば、日本の雇用にとって非常に由々しき結果を招きかねないと心配しているところです。

というのも、私が大いに心配しているのは、ＡＩやロボットが人手不足を補うというレベルを超えて、人手が大幅に余るという状況をつくりだしてしまうのではないか、ということだからです。ＡＩの急激な進化に伴って自動化のスピードが格段に上がっているなかで、ＩｏＴ（身のまわりのあらゆるモノがインターネットにつながる仕組み）によって農業、建設、運輸、医療・介護などの産業からデータが得られるようになり、今までは不可能だとされていた水準での自動化が進もうとしています。人の認知機能や経験・思考が不可欠な複雑な処理、たとえば農場の管理、建設現場の管理、自動車の運転、医療の画像診断、老人の健康管理などの業務で自動化が実現されつつあるのです。

そのうえ、ＡＩの活用は大企業だけでなく、中小企業のあいだでも広がってきています。アマゾンやマイクロソフト、ＩＢＭなどのＩＴ大手が開発したクラウド上の技術をベースにして、ベンチャー企業が生産・販売・会計などの基幹業務に特化したサービスを低価格で提供できるようになったためです。これまでＩＴへの投資を躊躇していた中小企業のあいだでも、コスト的に利用するハードルが低くなってきているのです。日本の雇用の約7割を占める中小企業にＡＩの活用が広がり始めたことは、日本全体の人手不足を早い段階で解消する大きな要因となるでしょう。

ＡＩやロボットの普及があまりに速いペースで広まることになれば、新たな雇用の受け皿が整う前にホワイトカラーを中心に次第に余剰人員が膨らみ、失業率が上昇傾向に転じる時期は思ったより早まることになるでしょう。日本の労働力人口の減少率だけを見れば、10年後も20年後も失業率が上昇する可能性は極めて低いと考えられるのですが、企業が一斉にＡＩ・ロボットの導入を加速する流れのなかで、２０３０年までに労働力の２割がＡＩやロボットに徐々に代替されていった場合、東京オリンピック終了後の２０２０年代初めには失業率が上昇傾向へと転じ、２０２０年代後半には５・０～６・０％程度（２０１８年前半の失業率２・４％の２倍を超える水準）まで上がり続けることも十分に想定できるというわけです（図表4-5参照）。

実際のところ、雇用の現場に精通しているリクルートワークス研究所の試算によれば、ＡＩやロボットによる代替が進むにつれて失業率が上昇に転じることになり、２０２５年には最大で５・８％まで上昇する可能性があるということです。この数字

図表4-5　完全失業率の推移と今後の予測

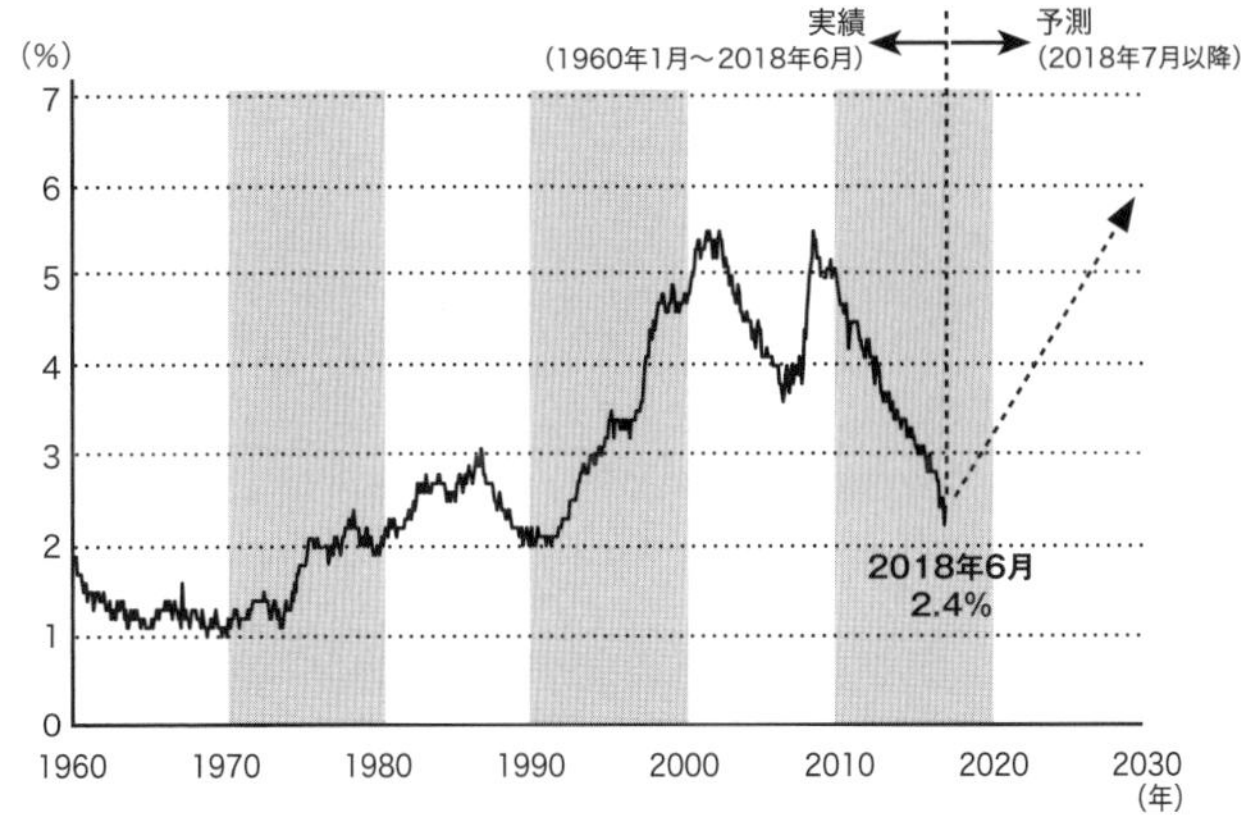

出所：総務省統計局

は過去最悪だった2009年7月の5・7%を上回る水準であるので、将来の人手不足まで懸念している日本でいかに雇用が悪化していくのかという情勢を指し示しているのです。社会保障システムを維持するために、高齢者雇用を増やさなければならない日本にとっては、雇用環境の悪化は大きな障壁となるかもしれません。

たとえ人口が減少していく日本であっても、生産性を上げていけばGDPを保つことができるというのは、あくまで2000年以前に通用した考え方であります。2000年以降の技術革新の質が過去のケースとは異なる次元にあることを考えると、むしろ国民全体で見た場合には生活水準の悪化という副作用をもたらす可能性が高いと思われます。

現在の経済学を支える主たる理論は、その多くが戦後の圧倒的にものが足りない時代に確立されたものです。いい換えれば、旺盛な需要があって市場の成長余力も大きい時代につくられた理論なのです。さらにいえば、現在のような「破壊的イノベーション」が起こることなど、とても想定してはいなかったのです。もはや時代遅れとなった経済学の教科書通りの発想をしていては、とんでもないしっぺ返しが待っていることを意識しておく必要があるでしょう。

雇用の中核・自動車産業の受難が訪れる

世界では先進国、新興国にかかわらず、自動車産業が雇用の中核を担っています。自動車産業が抱える雇用者数は直接・間接も含めて、アメリカでは約７００万人、ヨーロッパでは約１３００万人、中国では約４５００万人、日本では約５５０万人にも上っているのです。今まさにその自動車産業では、電気自動車の技術革新によって大きな変革が起ころうとしています。ヨーロッパ、アメリカ、日本の大手自動車メーカーがこぞって、電気自動車の開発に生き残りを懸けて取り組んでいるのです。

ところが不可思議なことに、電気自動車の技術革新がもたらす経済的なリスクについてはほとんど語られることがありません。その経済的なリスクとは、これから電気自動車が普及すればするほど、多くの国々から自動車産業の良質な雇用が徐々に失われていくということです。そのようなことがいえるのは、電気自動車の生産に必要な部品数がガソリン車やディーゼル車と比べて圧倒的に少ないという事実があるからです。ガソリン車やディーゼル車に使われる部品数は約3万点であるのに対して、電気自動車の部品数はその3分の1の約1万点にすぎないのです。

電気自動車の構造は簡単にいえば、エンジンに代わる電気モーター、ガソリンに代わるバッテリー、それに出力を調整するための制御装置という3つの主要なパーツで構成されています。複雑な仕組みのエンジンが単純な電気モーターに置き換わることで、タンク、点火プラグ、マフラー、スロットル、ラジエーター、変速機といった多くの機能が不要になります。外見上では、電気自動車は従来のガソリン車やディーゼル車とあまり見分けがつきませんが、実はその中身はタイヤが付いたコンピュータやスマートフォンに近いといわれています。ガソリン車やディーゼル車とは、まったく別物の自動車であると考えたほうがいいでしょう。

したがって、電気自動車が主力となる将来の自動車産業では、部品数が劇的にといえるほど減少していくと同時に、部品の製造に関わる労働者は大幅に減っていくことが予想されています。さらには、組み立ての工程もかなり簡素化されていくため、組み立て工場の労働者も大幅に減っていくことになるでしょう。それに加えて、ガソリン車やディーゼル車はエンジンオイルや点火プラグなどの交換が欠かせませんが、電気自動車ではそういった保守点検作業は必要とならないので、メインテナンスやサービスに従事する労働者も大幅に減っていくことが予想されているのです。

自動車産業のピラミッド構造では、その頂点に大手完成車メーカーがいて、その下に組み立てメーカーや素材・部品メーカーなどの下請けが何次にもわたってぶら下がっているうえに、全国に張り巡らされた販売代理店などの関連産業が広い範囲に裾野を広げています。しかしながら、電気自動車のシェアが徐々に上がっていくことによって、そのようなピラミッド構造には大きなきしみが生じてくることになるでしょう。

たしかに、電気自動車が主役に躍り出ることで、電池の製造やソフトウエアの開発などで新たな雇用が生まれることは心得ています。ところが、そういった新たに生まれる雇用から産業構造の転換で失われる雇用を差し引いてみれば、どのように考えてみても大幅なマイナスとなるのは避けられず、非常に多くの労働者が仕事を失っていくという現実は受け止めなければならないでしょう。

電気自動車の普及に伴う最大の問題は、決して電力不足などという話ではなく、多くの良質な雇用が失われるということです。雇用が失われるとまでは行かずとも、製造工程において現在ほどの技術力が必要とされなくなっていけば、労働者の賃金は大きく低下していくことになるでしょう。自動車の大手メーカーのある経営者が電気自動車の開発に消極的だったのは、系列メーカーも含めて自社の抱える多くの従業員に及ぶ影響をすでに理解していたからなのです。

製造業のなかでは比較的賃金が高い自動車産業において、各国の企業が雇用を大幅に減らさざるをえないというのは、10年～20年の単位で見れば、世界的な経済問題や社会問題としてクローズアップされてくることになるだろうと考えています。とりわけ産業ピラミッド構造がしっかりと確立されている日本やドイツでは、その問題が他の国々よりもいっそう深刻になることは避けられないように思われます。

さらに従来の自動車産業にとって厳しいのは、ライバルは従来の自動車メーカーだけではないということです。グーグルやアップル、アマゾンなどの大手IT企業とも、これまでとは次元や発想が異なる競争をしていかなければならないのです。

自動車には「所有する価値」「移動する価値」「趣味的な価値」の3つがあるといわれていますが、大手IT企業の戦略は、デジタル技術を介して新たに「共有する価値」を生み出すと同時に「所有する価値」や「趣味的な価値」を失わせることによって、高収益をあげるビジネスモデルを構築するということです。多くの産業では今や、ITやAIの技術をベースにして既存の産業を脅かす技術革新が生まれやすい状況にあるというわけです。

電気自動車はパソコンやスマートフォンに近く、ITやAIの技術との親和性がとても高いので、所有を減らすことに直結するシェアリング(共有)経済に拍車をかける起爆剤になると考えられています。電気自動車はインターネットに常時つながり、シェアリングサービスを通して、「所有」から「共有」「利用」へと価値のベースが移っていく流れをつくりやすいというのです。

そのうえでシェアリングサービスは、同じ自動車を多くの人が利用する「カーシェアリング」だけではなく、ウーバーテクノロジーズなどが展開する相乗りサービスである「ライドシェアリング」という新たなサービスも生み出しています。アメリカやヨーロッパ、日本などの都市部では、自動車の稼働時間は1日のうちのわずかであるという理由から、カーシェアリングやライドシェアリングで十分だと考える人々が増えてきているのです。

たとえば、2017年のダイムラーのカーシェアリングの利用者数は、早くも300万人に達したといいます。シェアリング経済への趨勢は抜群のブランド力を誇るダイムラーでさえも無視できなくなっているのです。このような流れを受けて、2018年になってトヨタ自動車はシェアリング事業を行う方針を示し、日産自動車はカーシェアリング事業をスタートさせています。

それに加えて、自動車メーカーにとって脅威となる技術革新はこれだけにはとどまりません。グーグルの子会社ウェイモはこれまで自動車メーカーと真っ向勝負で自動運転車の開発を進めてきましたが、2018年になって自動運転車を使ったライ

図表4-6　自動車産業の技術革新における3つの流れ

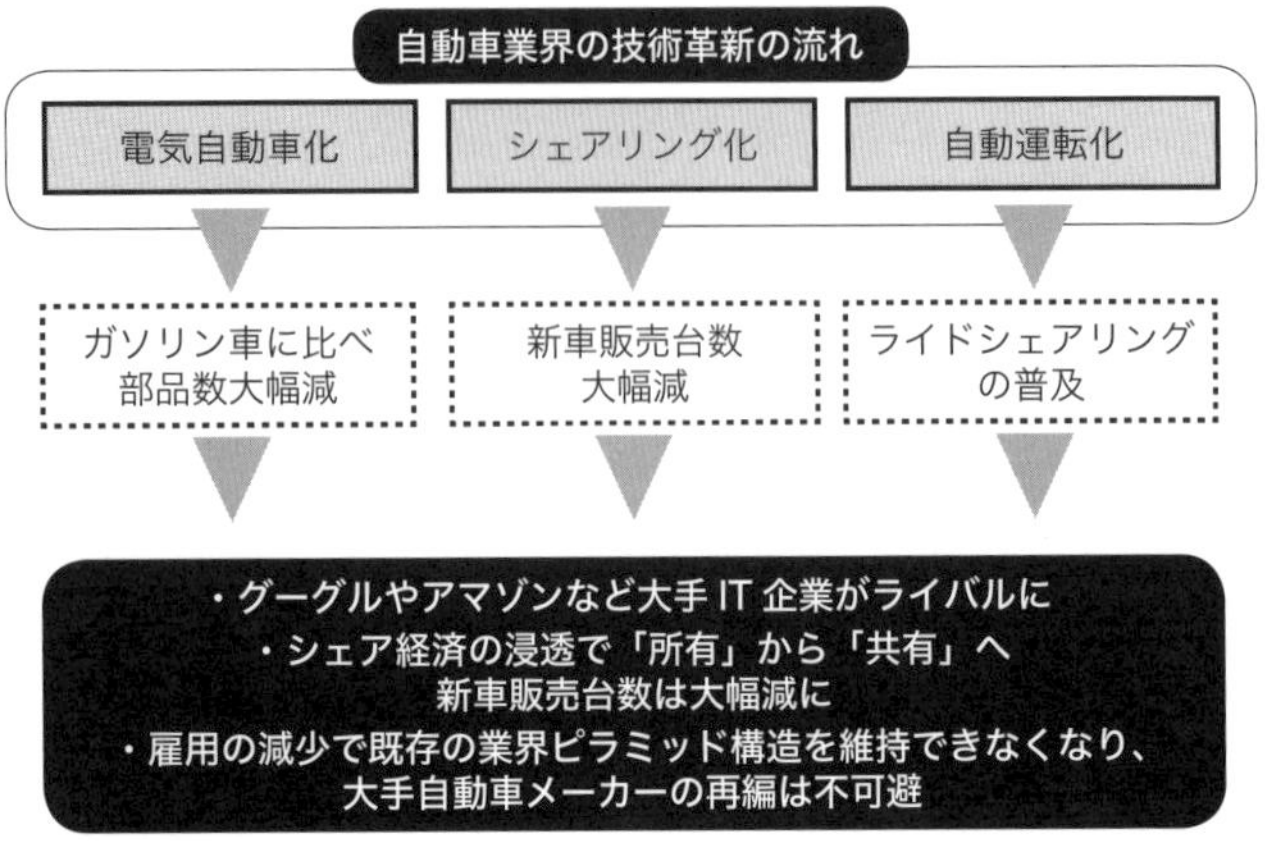
自動車業界の技術革新の流れ
電気自動車化
シェアリング化
自動運転化
ガソリン車に比べ
部品数大幅減
新車販売台数
大幅減
ライドシェアリング
の普及
・グーグルやアマゾンなど大手 IT 企業がライバルに
・シェア経済の浸透で「所有」から「共有」へ
新車販売台数は大幅減に
・雇用の減少で既存の業界ピラミッド構造を維持できなくなり、
大手自動車メーカーの再編は不可避

ドシェアリングの公道実験をアリゾナ州フェニックスで始めています。ゼネラル・モーターズも自動運転車の開発に力を入れており、2019年には自動運転車を使ったライドシェア事業に参入する計画を立てています。運転手が必要なく人件費がかからない低コストのライドシェアリングが実現すれば、一般の人々が自動車を所有する必要性はますますなくなっていくでしょう。

ボストンコンサルティングの試算によれば、2030年にはアメリカを走る自動車の4分の1が自動運転の電気自動車となり、そのほとんどがライドシェアリングに使われるということです。カーシェアリングやライドシェアリングの利用者が順当に増え続けていけば、2040年までに世界の新車販売台数は現在から4割程度は減少するだろうというのです。アメリカに限っていえば、ゼネラル・モーターズやフォード・モーターの自国での自動車生産は半分以下に減少するということです。これでは、世界の自動車メーカーの経営環境は厳しい未来を免れることができないでしょう(図表4-6参照)。

結局のところ、従来の自動車メーカーは現行のビジネスモデルでは事業規模を継続するのが難しくなっていくため、世界的に見て自動車メーカーの淘汰・再編が進むのは不可避な情勢となっていくことが予想されます。将来的には大手自動車メーカーの勢力図は、アメリカで2社、ヨーロッパで2社、中国で2社、日本で1社という形に再編されているのかもしれないのです。いずれにしても、雇用の中核を担う自動車産業の淘汰・再編は、自動車大国である日本の雇用を不安定なものへといざなっていくことになるでしょう。

ＡＩやＩｏＴなど新たな技術革新が発達しつつあるなかで、自動車の概念や自動車を取り巻く社会構造が大きく変わっていくことは避けられそうにありません。世界屈指の自動車メーカーであるトヨタはもちろんのこと、日産やホンダといった日本の大手メーカーにいたっても、「電気自動車化」、「シェアリング化」、「自動運転化」という3つの大きな流れのなかで舵取りをたった一つ間違っただけでも、将来的に経営危機に陥ってしまう可能性が決して否定できない時代に入ってきているといえるわけです。

シェア経済とギグ経済の行き着く先とは

世界中で若い世代を中心に、モノの所有欲が減退し、シェア経済が広がってきています。アメリカでは過去10年で、「所有」より「利用」を選ぶ傾向がかなり強まってきています。日本でも近年、若い世代の消費行動が所有から利用へと変化してきているようです。彼らは物心がつく頃にはインターネットが普及した環境で育っていたので、買い物などあらゆることをネットで済ませるのに抵抗がなく、むしろそのほうが自然になっています。

その要因として第一に挙げられるのは、スマートフォンの普及です。先にも触れたように、2007年にアップルがiPhoneを発売して以来、スマートフォンは世界中で急速に普及し、今では誰もが場所を選ばずにインターネットを利用できるようになりました。第二に挙げられるのは、２００８年のリーマン・ショックを契機とする世界的な経済危機です。多くの若者はその時に親が苦労したのを見ているので、無駄な消費を控えるようになっています。

日本でもシェア経済に関心が高まっているなか、企業のあいだでは新しいサービスが続々と登場しています。これから人口減少によって国内市場が縮小していくのが避けられないので、企業の側でもシェアビジネス(レンタルビジネスを含む)を収益源に育てようとする動きが出てきているのです。

いちばん認知度が高いカーシェアリングの分野では、パーク24やオリックス自動車など既存の企業のほかに、２０１７年にホンダが、２０１８年に日産が大都市圏の無人ステーションを拠点にシェアリングサービスを開始しました。ネットのみの手続きで人を介さないという手軽さから、若い世代を中心に利用が広がりを見せ始めています。メルセデス・ベンツもＮＴＴドコモと協業でシェアリングサービスに参入、ちょっと贅沢を楽しみたいという人々に受けているようです(図表4-7参照)。

所有から利用へという若者の消費の変化に対応し、アパレルや百貨店では月額定額

図表4-7　日本のカーシェアリングの会員数の推移

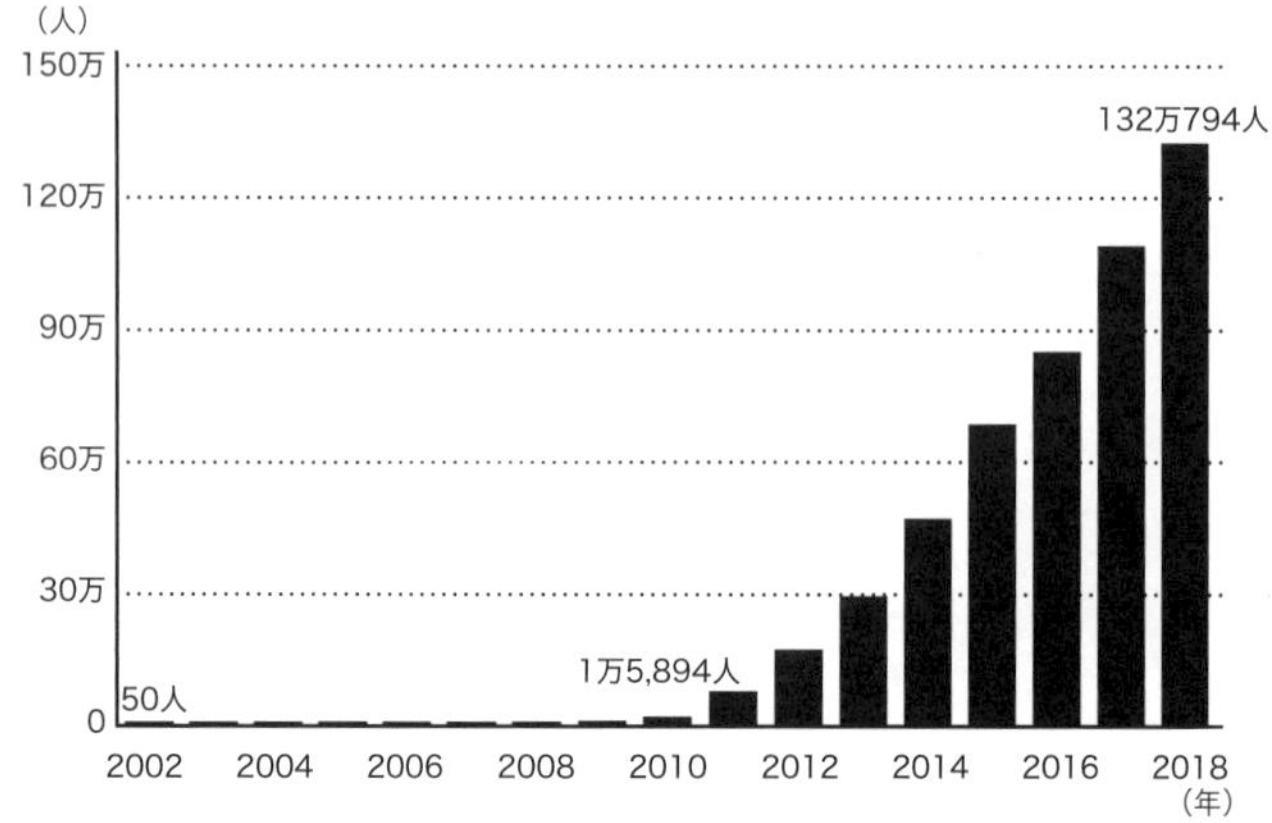

※2002年～2005年は4～6月調べ。2006年～2014年は1月調べ。2015年からは3月調べ。
出所：公益財団法人交通エコロジー・モビリティ財団

の衣料品レンタルサービスに乗り出す企業が相次いでいます。ＡＯＫＩやレナウンは２０１８年にビジネスウェアのレンタルサービスを開始しています。三越伊勢丹も高額なドレスなどのレンタルサービスを始めるといいます。これらの企業は顧客との関係を「売り切り」から「つながり」重視に移行し、月々の利用料を支払ってもらう「サブスクリプション（継続購入）」型のビジネスモデルを急拡大しようとしているのです。

日本におけるシェア経済の元年が２０１８年であるとすれば、２０２０年代前半にはシェア経済の規模は２０１８年と比べて数十倍に膨らんでいるポテンシャルを秘めていると思います。今のところは自動車と衣料品がメインですが、対象となるモノが広がっていくにしたがって、日本人の消費における節約志向はますます強まっていくことになるでしょう。

大方の企業は今までモノやサービスを売って事業を継続してきましたが、シェア経済の拡大はその従来の事業形態を根本から揺るがすことになりそうです。企業の側ではシェアビジネスについて、体験の場を設けて新たな顧客層を開拓するというメリットや、業績悪化の原因となる在庫リスクや値下げ販売とは無縁だというメリットを強調しますが、全体として見れば新品の売上げが大きく落ち込み、市場が縮小していくのは避けられない情勢にあるからです。

アメリカの人口が集中した地域では、カーシェアリング向けに自動車が1台供給されると、10台以上の購入需要がなくなるという分析があるほどです。日本の大都市圏に限ってみても、シェアリングカーが1台増えると、乗用車の販売は2台～3台減るという分析がなされています。自動車以外の分野では、どの程度の影響が出るのか想像がつきませんが、衣料品の市場でも大幅な縮小が余儀なくされるのではないでしょうか。

そのうえ、2018年のメルカリの株式市場への上場で注目が集まったネットフリーマーケットの市場では、老若男女を問わず利用者数が増え続けているといいます。ネットフリーマーケットの利用者が増えれば増えるほど、家庭に退蔵されていたモノが商品として出回るようになり、新品の市場に対して販売数量を抑え込む効果を発揮するというのが自然な考え方でしょう。

先ほども述べましたように、アメリカではギグ経済で働くフリーランス（実質的には大半が日雇い労働者）が1億人を超えているといいますが、日本でもギグ経済で仕事を得る人々が速いペースで増加の一途を辿ってきています。企業がインターネット上で仕事を発注し、フリーランスなどの個人が受注するという「クラウドソーシング」が急ピッチで拡大してきているのです。

日本経済新聞の推計によれば、ネット上で仕事を受注する「クラウドワーカー」と呼ばれる労働者の数は、2017年末の時点で420万人にまで増加し、2018年末の時点では早くも500万人を超える見通しだということです。500万人とは国内の労働力人口の7％超を占めているので、決して無視できない規模の数字です。

仕事の内容に関しては、難易度の高い翻訳やウェブサイトの作成など専門性の高い業務から、データの収集・入力やサイトの記事作成など経験が浅くてもできる業務まで幅広く募集されています。大手企業のなかでも、仕事をクラウドワーカーに発注するところが徐々に増えてきているといいます。

クラウドワーカーの目的というのは、本業として生計を立てている人々から、小遣い稼ぎをしたいという人々まで多岐にわたっています。専業主婦が家事や育児の空き時間を利用して働くことができるため、潜在的な労働力の掘り起こしにもつながっているといわれています。

ある出版社の書籍編集者から聞いた話によれば、クラウドソーシング業者のサイトを通して、翻訳の仕事を請け負ってくれる翻訳者を募集したところ、1日のうちに全国から30件を超える数の申し込みがあったといいます。彼が非常に驚いていたのは、クラウドソーシングを使えば、驚くほど安い報酬で優秀な人間を見つけることができるということです。

なぜそのようなことが可能になるのかというと、クラウドワーカーのなかには、以前は外資系金融機関など専門性の高い企業でキャリアウーマンとして働いていたものの、今では地方で専業主婦をしているという女性が意外にも多いからです。そういう女性は主に小遣い稼ぎで仕事をしているので、低い報酬でも仕事を積極的に請け負ってくれるといいます。

彼が強調していたのは、従来、翻訳で生計を立てていた人は仕事がなくなってしまうということです（数年後には、ＡＩが翻訳をほぼ完璧にこなすようになっているのは別として）。従来の相場では50万円程度の仕事を20万〜30万円で引き受けてくれて、しかも翻訳レベルが高い人がたくさんいるというのです。地方で活用されていない能力や労働力を再発掘するのはよいことですが、いろいろな業界で同様のことが起こっているはずであり、仕事の単価は確実に下がっていくだろうと予想できるわけです。

彼が危惧しているように私も、日本でクラウドワーカーが増えれば増えるほど、スキルを必要としない仕事よりもむしろ専門性の高い仕事のほうが、その対価は大きく値崩れしていくだろうと考えています。今後は小遣い稼ぎの主婦だけでなく、副業解禁となった会社員が特技を生かして、手軽に仕事を請け負うケースが増えてくるはずです。日本でもこれからはギグ経済が社会全般に浸透していき、全体的に仕事の価格が下がっていくなかで、人々の平均所得も下がっていかざるをえないでしょう。

シェア経済の普及が進むことによって、企業は雇用を減らしていく一方で、労働者は消費で節約する傾向を強めていきます。その流れと併行するように、ギグ経済の浸透が進むことによって、労働者は収入を減らしていく一方で、企業はコストを削減する方向を鮮明にしていきます。シェア経済とギグ経済の拡大、さらには人口の減少が重なって、経済規模は縮小の方向へ引っ張られることになっていくでしょう。

民主主義の本当の危機が訪れる

２００８年のリーマン・ショックをきっかけにして世界的な経済危機が勃発すると、資本主義と民主主義のあいだで保たれていた微妙な均衡がとうとう破壊されてしまいました。富裕な資本家ばかりが経済成長の恩恵にあずかる一方で、不況になった途端に普通の人々にしわ寄せが集中するような経済モデルは、多くの人々にとって受け入れがたいものだったからです。

当時のアメリカやヨーロッパでは、失業や賃金カットによって生活苦に陥る人々が大量に発生しましたが、世界的に好景気だといわれる今でも暮らし向きが良くならない人々が多いといいます。その結果として、人々の政治に対する不信はかつてないほど高まっており、一部の国々では民主主義が危機に瀕しているといっても過言ではない状況が生まれているのです。

実のところ、世界的な経済危機が起こるずっと以前から、アメリカでは静かなる地殻変動が起こっていたようです。高卒以下の白人中年層の死亡率が、1990年代から一貫して上昇し続けていたのです。その原因として明らかになっているのは、オピオイド（鎮痛剤）による中毒死や自殺などに代表される「絶望死」です。なぜ高卒以下の白人中年層に絶望死が広がっていたのかというと、彼らの多くは人生が上手くいかず、働く意志もなく、生きる意味を失っていたからです。

1970年代に高校を卒業したアメリカ人にとって、彼らの親の世代が就いていた仕事を得ることはさほど難しくありませんでした。高卒で働きながらスキルを身に付けて、中産階級の生活を送ることは十分に可能だったのです。しかし、1980年代のレーガン政権以降、労働組合の力が弱められていった状況下では、労働者の賃金は思うように上がらなくなり、企業の利益ばかりが膨らむ傾向が鮮明になっていきました。

アメリカの景気はリーマン・ショック後の２００９年６月から９年を超える回復局面が続いているなかで、ＩＴの技術革新で生活は便利になったとはいうものの、伝統的な産業では海外との競争が激化し、失われた良質な雇用はそのほとんどが戻ってきていない状況にあります。戦後で２番目に長い景気回復を謳歌しているにもかかわらず、所得が増えた家計は上位の20％だけであり、上位１％の富裕層がすべてのアメリカ人の所得の20％を独占するまでになっているのです。

国際的な協調のもとで法人税の引き下げ競争に規制をかけたうえで、企業経営の中心に株価対策を据えるアメリカ型の株主資本主義を改めれば、グローバル経済下での技術の発展は普通の人々にも恩恵をもたらすことが十分に可能です。ところがアメリカでは、未だに株主資本主義を改めることができず、普通の人々から所得を吸い上げ富裕層に再配分するというシステムが延命されています。そのようなわけで、経済格差は史上最悪の第２次世界大戦時の水準にまで拡大し、そういった格差への怒りはポピュリズムに迎合する人々が増える土壌を育んでいったのです。

共和党はずっと以前から、資本家や企業の利益を代弁する政党であり続けてきました。その一方で、民主党は労働組合を支援することを止め、エリートの意見を代表する政党に成り下がってしまいました。社会から落ちこぼれた低学歴の白人層は自分たちの利益を代表してくれる政党がなく、メディアでは彼らの絶望死すら注目されることもありませんでした。２０１６年11月の大統領選で、低学歴の白人層の利益を約束したトランプを大統領にまで押し上げたのは、ポピュリズムが台頭する不穏な情勢のなかで、彼らの熱烈な支持であったことには間違いありません。

いずれにしても、第４次産業革命の隆盛によって生産性を上げる企業が次々と現れれば、富裕な資本家や投資家は株価の上昇によって大いに喜ぶことになるでしょう。しかしその一方で、失業から生活苦に陥る人々が増加の一途を辿り、格差の拡大が史上最悪の水準を更新するという事態も避けられなくなるでしょう。

格差が拡大すれば拡大するほど、ポピュリストはますます勢いづいていくだけです。ポピュリズムの悪循環というのは、不満を抱えた有権者が無責任な公約を支持することでいっそう悪い結果をもたらし、さらに不満を募らせた有権者を満足させるために公約がますます無責任なものになるということです。アメリカではこの悪循環がまだ終わりそうもなく、むしろ始まったばかりなのかもしれません。

古代ローマの歴史家ポリビオスの「政体循環史観」によれば、政治制度は「王政→僭主政→貴族政→寡頭政→民主政→衆愚政→王政」のように循環して推移するということです。王政は腐敗して僭主政や貴族政が後釜に座りますが、貴族政も堕落して寡頭政に取って変わられ、やがては民衆に打倒されるといいます。民主政も時間とともに衆愚政へと劣化し、ついに民衆は王の誕生を待望するようになるといいます。このようにして政治体制の変化は一巡し、改めて次の新しい循環が始まるというわけです。

今日の先進国の政治家や国民は、この循環史観を強く意識しなければならないと思っています。私たちが享受している今の民主主義を、当たり前のものであると思ってはいけないのです。日本において近代から現代までの歴史はたったの150年程度であり、古代ギリシャのアテネで政治体制が一巡するのに400年程度を要したことを考えると、政治の時間の流れは直線的というよりも円環的に捉えるほうが正しいのではないでしょうか。

古代ギリシャのアテネで民主政治が凋落したのは、格差の拡大によってアテネ市民のあいだで激しい対立が起こってしまったからです。その結果として、デマゴーグ（当時の扇動政治家・現代でいうポピュリスト）が出現し、アテネは衆愚政治に陥るなかで著しく衰退していったのです。トランプ大統領の誕生はアメリカが衆愚政治の入り口に足を踏み入れていることを示しており、これから数十年単位の時間軸で見れば、アメリカでは王政や僭主政（現代でいえば独裁政に該当）が復活する環境が整いつつあると見て取ることができるでしょう。

今のアメリカやヨーロッパにおける民主主義的な価値観は、日本人が思っている以上に衰えを見せ始めています。ハーバード大学の政治学者であるロベルト・フォア氏とヤーシャ・ムンク氏が2016年に公表した論文によると、驚くべきことに、今やアメリカ人の6人に1人が軍政を良い統治方法であると考えていて、1995年の16人に1人から大幅に増えているということです。また、1930年代生まれのアメリカ人の7割超が民主主義を必要不可欠だと考えている一方で、1980年代生まれのアメリカ人で同じように考えるのはたったの3割しかいないということです。

格差の拡大が史上最悪の水準に達しているアメリカほど深刻ではないものの、ヨーロッパでもイタリアやスペインなど若者の失業率が高い国々を中心に、民主主義に対する信頼感が大きく低下しています。リーマン・ショックに象徴される世界的な経済危機を経て、アメリカやヨーロッパで格差拡大が社会問題として大きなテーマとなり続けているなかで、政治家が大衆の不満や憎悪をあおって自らへの支持を求めるというポピュリズム的な手法を多用するようなことがあれば、その国の民主政治は衆愚政治へと堕落していくのに加えて、経済的にも衰退の道を辿っていくことが避けられないでしょう。

アメリカやヨーロッパで起こっている民主主義の危機は、日本でも決して対岸の火事とはいえません。先ほども申し上げましたように、日本は今後も労働力人口が減少し続けるとはいうものの、企業が一斉に急激な効率化を進めるようなことがあれば、2020年代のうちには失業率が上昇に転じることになり、格差をいっそう助長していく可能性が高いからです。企業の生産性や株価が今よりも上がっているかたわらで、雇用情勢が悪化して不安定な社会が到来しているというわけです。

ここに至って初めて日本でも、失業や格差が大きな社会問題としてクローズアップされてくるのかもしれませんし、アメリカのような絶望死に陥る人々が増えてくるかもしれません。アメリカ全土で2011年に起こった「ウォール街を占拠せよ」のような反格差デモが、将来の日本でも起こりうる下地は十分に整ってきているように思われます。そういった意味では、日本はアメリカを15年〜20年遅れで追いかけているといえるのではないでしょうか。

第5章

人口減少に打ち勝つ方法はあるのか

出生率を2・00に引き上げるのは決して難しいことではない

日本が懸念すべき最大の問題は、誰が何といおうと少子高齢化しかありえません。人口推計の数字が突きつける少子高齢化の行く末を眺めてみると、2065年には日本の総人口は3割も減ってしまうばかりか、高齢者を支える労働力人口にいたっては、定義が今のままであれば、実に4割も減ってしまうというからです。少子高齢化が長期に及びもたらす悪影響は、国の経済規模の縮小にとどまらず、社会保障費の膨張、赤字拡大による財政不安、防災・治安機能の低下など、私たちの生活水準の著しい劣化を招くことになるのです。

2017年の時点では、65歳以上の高齢者1人を65歳未満の現役が2・2人で支えていますが、最新の将来推計人口によると、2040年には高齢者1人を現役1・5人で、2060年には1・4人で支える計算になるということです。高齢者の定義を「70歳以上」にすれば、2040年には2・3人、2060年には1・8人で、「75歳以上」にすれば2040年には3・4人、2060年には2・5人で支えるまでに帳尻を合わせることはできるようになります。しかしだからといって、それでいいというわけではありません。人口減少の大元である「少子化」については、何も問題が解決していないからです。

第1章でも述べましたように、少子化は様々な要因が複合的に作用した結果として起こっています。主たる要因としては、女性の高学歴化や生き方の多様化により、結婚しない女性や結婚が遅い女性が増えたことや、結婚適齢期になっても収入が安定しない男女が増えたこと、子育て環境の未整備や子育て費用の高騰により、子づくりを躊躇する夫婦が多くなったことなどが挙げられます。しかし、これらの要因を差し置いて最大の要因として考えられるのは、若い世代の東京圏への一極集中により、経済的にも環境的にも結婚や子づくりのハードルが高くなってしまっているということです。

東京圏では生活コストが全国でもっとも高いうえに、企業活動が活発なために長時間労働が当たり前、さらには企業が集まる都心部の住居費は高いため、通勤に多くの時間を割かなくてはなりません。また、多くの企業の賃金体系では残業代が占める割合が大きいので、残業代を稼ぐために長時間労働になってしまうという問題があります。その結果として、東京圏に流入し続ける若者の未婚化や晩婚化が進み、日本全体の出生数減少に伴う少子化に拍車がかかっていくというわけです。

仮に突如として20代~30代の女性の出生率が現状の1・44から2・00に跳ね上がり、その後もその水準がずっと維持されていったとしても、その年代の女性の人口がとても少なくなってしまっているので、どんなに短くても50年後までは日本の少子化が止まらないことがわかっています。しかしそれでも、この国はできる限り少子化を緩和するための手立てを講じなければなりません。たとえば、仮に出生率が1・80に引き上がったうえでその水準を維持していくことができれば、2065年の総人口は1億45万人と現在の推計8807万人より1237万人も上振れさせることができます。2065年の新生児の数が55・7万人に減少するという現在の推計に対して、70万人台を維持することだって十分に可能であるのです。

たしかに、出生率を引き上げたところで、今より状況が悪化することに変わりはありませんが、日本人の生活水準をあまりに低下させないためには、悪化する度合いをできる限り緩和する方法を実行する必要があります。このままの状況を放置したままでは少子化のスパイラルを緩和することができず、日本には極めて悲惨な未来しか待っていないからです。そういった意味では、少子化を緩和する実証的な方法はいくつもあるので、それらを実践しないという選択肢はありえないでしょう。

これまでの実証の成果を整理すると、有効な対応策は主に5つに絞られると思います。1つめの対応策は、子どもへの諸手当を現金給付から現物給付へと切り替えることです。フランスやスウェーデンなど出生率が1・80を超える先進国では、1990年代に現金給付から現物給付へと大きく舵を切ったことで、少子化に歯止めがかかったことが立証されています。2つめの対応策は、保育施設の整備です。女性が安心して働きながら子育てができる環境を整えていくことも、出生率の引き上げにつながることが立証されています。3つめは、教育費の負担軽減です。教育費の高騰が出生率低下の一因になっているのは、中国が一人っ子政策を撤廃したあとに出生数が伸び悩んでいる事実でも明らかにされています。4つめは、長時間労働の是正です。労働時間が短い地域ほど出生率が高くなり、高い地域ほど低くなるという関係性ははっきりと認められています。

当然のことながら、これらの対応策をそれぞれ推し進めることが大事なのはいうまでもありませんが、やはりもっとも実践しなければならないのは、少子化の最大の原因である東京への一極集中を改めさせるという対応策です。そこで5つめの「大企業の本社機能を地方へ分散する」という私の持論が、本質的な対応策として求められることになるというわけです(それについては、次の項目で詳しく説明します)。

この国の最大の病である少子化を本気で克服しようとするなら、国、地方自治体、大企業が三位一体となって協力しながら取り組まなければなりません。それができるようであれば、出生率を10年以内に1・80どころか2・00まで引き上げるのも決して難しいことではないと思っています。そこでこの章の残りでは、お手本となる大企業と地方自治体の取り組みを紹介したうえで、国がどのような形でそれらの取り組みをバックアップしていけばよいのかを論じていきます。

「大企業の本社機能を地方へ分散する」効果は3・4倍にもなる

私は少子化の大きな流れを緩和するためには、すなわち、東京への一極集中を逆転させるためには、「大企業の本社機能を地方へ分散する」しかないだろうと考えています。正直なところ、大企業の本社そのものが地方へ移転することが理想ですが、落としどころとして地方への分散が現実的であると妥協点を見出しているのです。大企業が地方で良質な雇用をつくる努力をすれば、それだけで効果的な少子化対策になるというのに加えて、若者の地方からの流出が緩和されることも十分に期待できるわけです。

だからこそ私は、建設機械大手コマツの少子化対策への取り組みにずっと注目してきましたし、これからも注目していきたいと思っています。

今や日本を代表するグローバル企業であるコマツは、国内の雇用をたいへん重視しているお手本のような企業です。同社の坂根正弘・相談役は2001年に社長に就任して以降、事業の選択と集中を進めアメリカのキャタピラーに匹敵する高収益体質をつくり上げた凄腕の経営者でありますが、その坂根氏が社長時代からコツコツと進めてきたのが、創業地である石川県への地元回帰を中心とした本社機能や工場の地方への分散であります。

その経緯を振り返ってみると、第一歩として2002年に、東京本社にあった部品調達本部を石川県の小松市に移転しています。ＩＴが発達していく先々の社会を見越して、部品調達本部は協力企業が近隣に集まる工場にあったほうが適当だと判断したというのです。続いて2007年には石川県金沢市と茨城県ひたちなか市に新しい港湾工場をつくり、2011年には本社の教育研修組織と複数拠点に分散する研修施設を統合して、小松市に総合研修センターを開設しています。これまでの一連の地元回帰では、150人以上の社員が本社などから石川県に転勤していったということです。

私は2011年にコマツが本社機能の一部を小松市に移転すると初めて知ったとき、日本の深刻な少子化を緩和していくためには、あわせて地方の衰勢を食い止めていくためには、コマツの試みを多くの大企業が倣うべきだろうと直感することができました。それ以降、コマツの試みが他の大企業にも広まることを期待し、自らの著書や連載、講演会などでも取り上げながら応援してきたつもりです。

実のところ、本社機能の地方への分散は、データ上ではどの程度の成果をもたらしているのか、私自身もずっと知りたいと思っていました。そのように思いを巡らし続けていた矢先、偶然にもある催しで坂根氏にお会いする機会があったので、お話を伺いたいと率直に申し上げたところ、非常に意義あるインタビューを2017年と2018年の2回にわたって行うことができました（東洋経済オンラインの連載では、2017年7月27日・28日、2018年9月11日・12日の4回におよびインタビューが掲載されています）。

坂根氏は「なぜ本社機能を地方へ分散したのか」という私の素朴な問いに対して、「その本質的な動機は、この国の深刻な少子化問題を解決したいという思いにある」と強い使命感を持って答えています。コマツは1950年代に石川から東京に本社を移転し、その後は工場も輸出に有利な関東・関西に移していますが、多くの地方企業が同じような歴史を辿ったことによって、東京への過度な一極集中とそれに伴う少子化を加速させてきたという現実をしっかりと受け止めなければならないというのです。

実際に、コマツの本社機能の地方への分散は、少子化対策として大いに効果があったと認めることができる数字を残しています。コマツのまとめたデータによれば、30歳以上の女性社員では東京本社の結婚率が50%であるのに対して石川が80%、結婚した女性社員の子どもの数が東京は0・9人であるのに対して石川は1・9人と、掛け合わせると子どもの数に3・4倍もの開きが出ているのです（東京0・5×0・9＝0・45：石川0・8×1・9＝1・52→1・52÷0・45≒3・37）。

私は大企業の本社機能の移転が本質的な少子化対策になることを直感的にわかっていましたが、それを実証するために具体的な数字で理解できたというのは、やはり非常に意義のあることだと考えています。石川は東京よりも物価がずっと安いし、子育てをしながら働きやすい環境にもあるので、大企業の女性社員であれば子どもの数が増えるのは、至極当然の結果であったといえるでしょう。しかしそうはいっても、このインタビューによってコマツが持っている実証的なデータが陽の目を見ることになったのは、大きな初めの一歩になったのではないでしょうか。

坂根氏は地方回帰を進めてきた成果について、「女性社員の出生率が飛躍的に上がっている」だけでなく、「社員の生活が豊かになっている」「退職者の健康寿命が延びている」などと述べたうえで、「代表的な地方出身企業であるコマツが先陣を切って地方への回帰で成功を収めれば、いずれは他の大企業も次々と回帰の道を辿ってくれるのではないか」という淡い期待も寄せています。坂根氏の思いを酌み上げるならば、コマツは日本の将来を憂い、強い使命感を持って経営にあたっているということなのです。

しかしながら、今現在において本社機能の一部を地方に移すという先進的な動きは、ＹＫＫ（富山県へ移転）やアクサ生命（北海道へ移転）などわずかな大企業でしか行われていないという厳しい現状があります。実際に、本社機能の地方移転が少子化対策として本質的対策であることは、コマツの事例が明確に示しているはずですが、どうしてコマツの取り組みがずっとクローズアップされなかったのか、非常に不思議に思っているところです。日本の企業経営者もいま一度、地方に目を向けた経営、雇用を考えてみるべきではないでしょうか。

私には坂根氏が「コマツの後に続いてくれるところが少ない。この国はどうなってしまうのか」「新たに北陸新幹線ができて、若者の東京志向はいっそう強まっている」と嘆息していたのが印象に残っていますが、大企業が自らの利益や効率性だけを考えていたら、本社機能の地方移転などはとても決断できない経営判断であると思います。だから、国や政府が何としても少子化に歯止めをかけたいという覚悟や気概を持って、地方移転に挑戦する大企業を支援するような税制改革などの対策を講じなければ、大企業が地方に関心を持つことはなかなか難しく、少子化の問題は一向に改善の方向へ向かうことはないでしょう。

その一方ではもちろん、企業を受け入れる側の地方自治体が積極的に大企業の本社機能の誘致に取り組んでいく必要もあるでしょう。ただし、地方自治体によって各々の強みや特色があるので、相乗効果が発揮できる大企業と地方自治体が協力するのであれば、大企業のほうは何も創業地にこだわる必然性はないと考えています。そのような意味では、地方が衰退を止められるのか、衰退が続いてしまうのかは、地方自治体の首長の情熱や才覚に懸かっているのではないでしょうか。これからの道府県民や市町村民はそういった視点を持って、選挙に自らの票を投じてもらいたいところです。

地方創生の達成と健康寿命の延びは両立できる

コマツについてさらに驚くべきは、地元回帰が少子化対策に効果を発揮しているだけでなく、地方の活性化にも大いに寄与しているということです。その代表的な事例が、コメづくりで技術革新を成し遂げているということです。

そもそもの出発点は、石川の製造現場の社員には兼業農家が非常に多かったので、兼業農家の手伝いをしようという試みだったそうですが、コマツの社員に限らず、コマツの技術力を用いて地元の農業生産性を高めようという取り組みにまで発展していったのです。その結果、いまでは最新鋭の自動運転技術を使って整地すれば農地にコメの種をまくことができるので、農家にとって重労働である田植えをしなくて済むようになったといいます。

田植えのいらないコメづくりは副産物も生んでいます。この地域では、これまで苗をつくっていたハウス設備が不要となったため、そのハウス設備を有効に利用しようという民間的な発想から、その場所で花を栽培するようになったというのです。坂根氏によれば、コマツの工場で使われている地元白山の地下水を利用した省エネ技術を、花の温室栽培に使えるかどうかを試しているということです。

坂根氏自身も当初は、コマツの地元回帰は一企業レベルの話にとどまると考えていたようですが、今では地元の行政や学校、銀行、農協までも巻き込んで、地元を活気づける様々な副次効果を生み出すようになっています。

異文化が出会う場所でイノベーションが起こるという話は経営の教科書にもありま

すが、農業とは畑違いのコマツの試みが、競争力のある新規ビジネスを生み出し、地域の生産性を高めているのです。

このようなコマツの取り組みを見ていて思うのは、他の大企業も自社技術と発想力を活かすことで、地方は相応の活気を取り戻すことができるということです。最初は目立たない活動でも、地方でできることを一つひとつ続けていくことによって、地方の行政や住民、学校、銀行、農協などが共鳴し、地域全体に活動が広がるようになるのです。国の補助金などに頼るのではなく地元が一体となって取り組む、これこそが「地方創生」のあるべき姿ではないでしょうか。

コマツでは60歳の定年後に再雇用という選択肢も設けていますが、石川の製造現場の社員のなかには再雇用を希望しない人も多いといいます。東京では定年後も再雇用制度を使って65歳、人によっては70歳くらいまで働くのが普通です。しかし、コマツの賃金体系は東京も石川も同等で、相対的に物価の安い石川のほうが貯蓄できるので、定年後に経済的な理由で働く必要がないというのも大きな理由となっています。

また、経済的にゆとりのあるＯＢ・ＯＧは、働く自分の子どもたちに代わって孫の面倒を見てあげる余裕もあるので、子どもたちも安心して孫を産む環境が整っているというのです。

しかしながら、60歳で定年して孫の面倒を見ているだけでは、健康寿命が短くなってしまうという問題が生じてしまいます。だからコマツは、定年後の社員にやりがいや喜びを与えられる場所として、２０１１年に小松市に開設した同社の総合研修センターを有効に活用しようとしたというわけです。コマツはこの研修センターを、社員教育の場としてだけではなく、地元の子どもたちのために理科教室やモノづくり教室を行う場にしたのです。

今では、「コマツの教室に行って学ぶこと」が、小松市の小学校5年生のカリキュラムに組み込まれていて、コマツのＯＢ・ＯＧが「電気を起こすにはどうしたらよいか」「重いモノを少ない力で運ぶにはどうしたらよいか」など、小学校では習わない科学の知識を教えているそうです。その結果、やりがいや子どもたちに教える喜びによって健康になったというＯＢ・ＯＧが増えるとともに、「以前よりも病院に行かないようになった」というのです。このような事例もしっかりとデータを取って可視化していれば、価値ある実証の一つになったと思うと残念でなりません。

誰もが認めるように、高齢者にとって適度にからだを動かし、物事を深く考えることは、健康寿命を延ばすには必要不可欠です。とりわけ、座学で教えるだけでなく、教材を使って自ら動き・考えながら教えるという行為は、認知症の予防にもとても効果的であるように思われます。政府の『高齢社会白書』によれば、65歳以上の認知症患者数は2015年には推計で約520万人いるということです。さらに高齢化が進む2030年には最大で830万人にまで増え、総人口の7％を占めることもありうると予測されているのです。コマツの取り組みによって、高齢者の認知症の予防になるばかりか、健康寿命が延びるという効果が経験的にわかってきているのは、社会にとって非常に有益であるといえるでしょう。

では、どうして、こうしたコマツの取り組みがもっとクローズアップされないのでしょうか。それは、この国をリードする立場にある人たち、つまり、大企業（経団連）や中央官庁、メディアに従事する人たちが東京一極集中の恩恵を受けているからだと思っています。国民の多くが現状を変えるには何をしたらいいのか多少はわかっていたとしても、オピニオンリーダーたる彼らが動き出さないために、少子化対策も地方創生も大きな動きには向かっていかないわけです。

地方で幸せが循環するコマツの経営をお伺いして思ったのは、大企業は社会の公器としていま一度、日本の将来のために地方に目を向けてみるべきではないだろうかということです。これまで自著や講演など、様々なところで述べてきましたが、私は「収益だけを追い求めて工場の海外移転を進める企業よりも、国内で踏ん張って少子化対策や地方創生を体現しているコマツに、日本国民として頑張ってもらいたい」と思っています。さらには、「利益の最大化」や「株主の利益」を追求する企業よりも、「国民の利益」「社員の利益」を大事にする企業に多くのファンが集まる時代が来るだろうとも考えています。

コマツのように、日本の将来を思い、国家の大計を考えて英断できる企業が徐々にでも増えていけば、少子化は改善に向かい、地方の疲弊も緩和することができると思うのです。地方創生は企業の協力なくしては成し遂げられません。ですから、私は一人の国民として「コマツ、がんばれ！」と応援し続けていきたいと思います。

拙書を愛読くださっている読者のなかには、「また、コマツの話か！」という方々もいるかもしれませんが、私が少子化問題に対してできることといえば、コマツの取り組みをもっと広く国民レベルで知ってもらうということです。微力ながらも少子化対策の流れに協力していければ本望であるので、その点はご容赦いただければありがたいです。

地方自治体は特色や強みを活かして勝負すべき

先ほどの項目では、少子化対策の模範となる大企業としてコマツの取り組みを紹介しましたが、ここからの項目では、お手本となる地方自治体として長野県の対応策について取り上げたいと思います。

長野県の阿部守一知事は2010年に就任して以降、長野の地を豊かにするために強い使命感と危機感を持って仕事に邁進していますが、少子化対策や地方振興策に関する考え方が非常に私と共鳴するところが多く、その考え方を見事に地方自治の現場で実践しています。そこで私は、長野県の取り組みを全国の人々にも知ってもらいたいと思い、2018年に意見交換も兼ねて貴重なインタビューをさせていただきました（東洋経済オンラインの連載では、2018年3月30日・31日の2回に分けてインタビューが掲載されています）。

阿部知事に「少子化を食い止めるために、具体的にどのようなことをしているのか」とお伺いしたところ、「大企業の本社機能（研究開発拠点を含む）の誘致を積極的に行っている」としたうえで、「本社機能の移転については、強力に支援する制度を設けている」と述べています。長野県では東京23区から本社機能を移転した企業に対して、県税である法人事業税と不動産取得税について全国でトップレベルの減税制度を用意しているといいます。とくに法人事業税については3年間にわたって95％を減額する措置を設けているというのです。さらには、県内の市町村にも協力してもらい、固定資産税を減額する措置も設けているということです。

「長野県はどのような強みや特色を生かして、大企業の本社機能の誘致に取り組んでいるのか」という問いに対しては、「自然が豊かだという特色を生かして、とりわけ大企業の研究開発拠点の誘致を積極的に進めている」と明らかにしています。研究員がクリアなあたまで研究に没頭できる雄大な自然環境は、大都会に比べると格段に優れているはずであるというのです。そのようなわけで、過去10年間の研究所の立地件数は全国で5番目に多いという結果を残しているということです。

たとえば、日本最大手の無線通信メーカーである日本無線は、東京の三鷹市に研究開発拠点を持っていましたが、2014年にその拠点を長野市に移転すると同時に、従業員約900名のうち9割が東京から移住しています。初期の段階では「人口減少社会のなかで、長野に移転して将来的に人材を確保できるのか」「従業員が長野の生活に満足できるのか」といった不安があったということですが、今ではそうした不安は完全に払しょくされ、従業員の多くは生活環境が快適になって満足しているといいます。

LEDで有名な日亜化学工業は本社が徳島県ですが、2015年に下諏訪町に研究開発拠点を移転しています。長野を選んだ理由というのは、「諏訪湖畔の豊かな自然環境のもとで、意欲と創造性が高まることで研究開発力の向上が期待できる」「諏訪地区はモノづくり産業が集積している地域性から、他の企業と技術連携できる可能性が高い」ということでした。日本無線や日亜化学工業の事例を見ていると、長野の強みを如何なく発揮したモデルケースになっているように考えることができます。

長野県が力を入れている少子化対策は、大企業の本社機能や研究開発拠点の移転だけではありません。結婚したい男女が結婚して、子どもが欲しい夫婦が子どもをつくれば、出生率は1・84まで上がるだろうという目標を設定して、結婚・子育ての支援策や育児に関する啓蒙活動など、いろいろな取り組みを進めている最中であるというのです。

第一に、出生率を上げる入り口となる結婚の支援策では、県内の市町村や企業、民間団体などと協力して「長野県婚活支援センター」を設け、結婚する若者を増やすための本拠地にしているといいます。多くの県民がボランティアの「婚活サポーター」として、若者の結婚を応援する活動を積極的に行っているというのです。

第二に、結婚を希望する男女のプロフィール(居住地域・身長・体重・学歴・年収・親との同居など）をデータとしてまとめ、各々の希望する条件に合う異性を検索できるマッチングシステムも導入しているといいます。リクルートなどの企業が運営しているマッチングアプリと似たような取り組みを、今や行政までもが行っているというわけです。

第三に、子育ての支援策として、子育て家庭の経済的な負担をなるべく和らげるという目的で、医療費の助成対象は他の県と比較してもかなり充実しているといいます。県では中学校卒業まで所得制限なしで医療費の支援をしていますし、市町村のなかには高校卒業まで助成対象としているところもあるということです。

第四に、13県の知事で結成した「日本創生のための将来世代応援知事同盟」において、子育ての楽しさや家族の良さをしっかり情報発信していったほうがいいと考え、長野県の提案で11月19日を「いい育児の日」と定め、記念日協会にも登録して2017年からスタートさせているといいます。メディアの報道では子育てに関するネガティブな情報のほうが出てしまう傾向があるので、それを何とか払しょくしていきたいということです。

これらの取り組みを一つひとつ地道に積み重ねていくことによって、長野県の出生率は過去10年で1・47から1・59まで少しずつではあるものの上がってきています。阿部知事は深刻な少子化を和らげるためにこれからも、社会全体で結婚や子育てを応援する環境づくりを盛り上げていかなければならないという決意を語っています。

私は都道府県のなかで長野県はもっとも少子化に歯止めをかけようと努力している地方自治体の一つであると思っています。長野県には少子化対策のフロントランナーとして引き続いて頑張ってもらい、できるだけ多くの企業経営者に対して地方に目を向けた経営を考えるきっかけを与えてほしいと期待していますし、地域の若い人々が結婚したい、あるいは子どもを持ちたいと前向きになる環境整備をいっそう進めてほしいと切に願っています。

地方大学の改革が少子化対策のカギになる

私の前々からの持論は、少子化の大きな流れを止めるためには、「大企業の本社機能の分散」と「地方大学の改革」を組み合わせてこそ、いっそうの効果が発揮できるだろうというものです。

しかし現状では、地方の大学が東京圏の大学を凌ぐ魅力を持つにはいたらず、地方からの若者の流出に抑止力が働いていません。30年も前から少子化により若者の数が減り続けるのはわかっていたのに、日本の大学数は1988年の490校から増加の一途を辿り、2017年には780校にまで増えてしまい、定員割れを起こしている大学が300校近くもあるほどなのです。

長い目で見れば、多くの大学が淘汰される厳しい状況下にあるものの、地方自治体は若者を地元にとどまらせるために、地方大学の改革を通してその魅力度を底上げできるように懸命に努力しなければならないと考えています。そこで地方大学を改革するために必要最低条件となるのは、卒業要件を非常に厳しくするということです。大学が卒業生に対して専門職に相応しい知識や技能、思考力を担保できなければ、地方大学の改革には隔たりがあるし、ひいては地方経済の発展に貢献することなどできるはずがないからです。

だからこそ、東京圏の著名な大学を出し抜いて、多くの地方大学から変革への取り組みを始める必要があるのではないかと考えています。実をいえば、秋田県の国際教養大学は卒業が難しいカリキュラムを採用しており、学問にひたすら努めないと容易に卒業ができません。結論として、有名な大企業がこぞって秋田の同大学までわざわざ採用活動に訪れているといいます。

阿部知事も元から同じような問題意識を持っていて、長野県に魅力ある大学をつくりたいとずっと思っていたということです。人口減少が進む社会のなかで、どうして今さら大学をつくる必要があるのかという反対論が当初から強かったのですが、

2018年4月に新しく長野県立大学を開学するまでにこぎつけることができたといいます。

新しく大学を開学したいと考えたのは、県内大学の収容力が全国最低レベルといえるくらい少ない状況を何とか打開したいからだったということです。県内にもっと大学があれば県内に残って進学したいと思っている学生がいるにもかかわらず、県内にある大学の定員が少ないという現状から、多くの若者が大都市圏に出ていってしまうというのです。

しかし、それよりも大学を開学したかった大きな理由は、グローバルな視点を持って地域に革新を起こせる人材、地域のリーダーになれる人材を育成する大学が不可欠だという危機感からだったといいます。地域が発展するためには、地域から革新を起こせる社会にしなければならないので、知の拠点となる大学と地域の経済発展というのは、これまでとは比べものにならないほど密接に関わっていくだろうと見ているというわけです。

阿部知事も今の大学で変えなければいけないと思っているのは、学生が入学するためには必死で勉強するが、入学後はあまり勉強しないでも卒業できてしまうというころです。そういった考えに基づいて、阿部知事は大学をつくる手本として国際教養大学にもたびたび視察に行って教えを受けたといいますし、大学の組織をつくるにはやはり「人」が大事だということから、理事長にソニーの元社長である安藤国威氏、学長には学者一族である金田一真澄氏をお迎えしたのだということです。

長野県立大学では1年生は全員、寮に入ることになっているといいます。近所に住んでいても寮に入らなければいけないのかと疑問の声もありましたが、勉学に励む習慣をしっかりと身につけるためには、1年生には正しく集団生活を学ばせたいというのです。そのうえ2年生には全員、海外への短期留学に行かせたいということです。

地方大学の改革については長野県立大学だけではなく、新たに「信州高等教育支援センター」をつくって、県内の国立大学、公立大学、私立大学は、緊密に連携をとりながら共々に発展する体制を築きつつあるといいます。大学は国や文科省の管轄という感覚が全国的にあるなかで、県単位で大いに踏み込んで高等教育機関と連携しているというのは、長野県の大きな特色ではないかと思っているということです。

私が知る限り、長野県の大学改革への取り組みは十分に地方のトップランナーとしての役割を果たしていると思います。私が期待を抱いているのは、多くの地方自治体には各々の地域の特色や強みをデータの形で「見える化」したうえで、マーケティングに力を入れることによって、大企業の誘致と地方大学の改革を組み合わせた施策を進めてもらいたいということです。

地方大学の改革という問題はそれだけを考えていては不十分なものであり、大企業の本社機能の移転による良質な雇用の確保という施策とセットで考えるようにしなければ中身の薄いものとなってしまいます。ほぼすべての地方自治体がこれらを別々の問題として捉えているために、対策を講じても大した効果が出ない結末となってしまっているわけです。

秋田県の国際教養大学のケースで残念に思うのは、地元に良い就職先がないために、卒業生がそのまま秋田県の企業に就職するケースは皆無に等しく、卒業生の圧倒的多数が東京圏の大企業に就職する状況になってしまっているということです。地元にあれほど優秀な大学があるというのに、実にもったいない現状に甘んじていると思います。

こういったケースを見ていてもわかるように、やはり相性の良い施策を組み合わせてこそ、期待できる効果を発揮することができます。地方に良質な雇用が生まれれば、若者が地方に残って働くという選択肢も広がっていくのです。それが地方における少子化の緩和や地域経済の活性化にもつながっていくし、ひいては日本全体の人口減少の加速を止めることにもつながっていくわけです。

そういった意味で私は、地方が少子化をできるかぎり抑え、地方創生を成し遂げるためには、地方自治体の首長の熱意あるリーダーシップが欠かせないと確信しています。知事にしても市長にしても、地方の首長が柔軟な思考力と本質を見抜く才覚を持っていることはもちろん、地域の住民に何が何でも明るい未来を見せたいという情熱を持たなければ、その地方の未来はいたって重苦しいものとなってしまうでしょう。

言い方を換えれば、これからの地方が何とか現状を維持していくのか、それとも坂を転げ落ちるように転落していくのか、それは首長の情熱と才覚にかかっているというわけです。決してお世辞ではありませんが、長野県の阿部知事のように先見性と使命感を持って頑張っている知事が日本に10人も現れてくるようになれば、私は日本の未来は過度に悲観することはないのではないかと思っている次第です。

法人税減税の仕組みを変えれば、強力な少子化対策となる

この章ではここまで、日本が少子化を乗り越えるためのお手本となる大企業と地方自治体の取り組みをそれぞれ紹介してきましたが、コマツのような大企業や長野県のような自治体が続々と現れてくるためには、国はどのような形で後押ししていけばいいのでしょうか。

経済のグローバル化が深化していくにしたがって、世界各国では法人税の引き下げ競争が未だに続いています。税率の高低が企業の国際競争力や立地に大きな影響を与えるため、法人税を引き下げて自国にグローバルな大企業を誘致しようとする動きが進んでいるからです。その結果として、先進各国とアジア諸国の法人税の平均税率は2000年代に入ってから10ポイント近くも低下し、20％台にまで下がってきているのです（図表5-1参照）。

日本でも法人税の引き下げは現在進行形で進んでいます。日本の法人税の実効税率（法人税、地方法人税、法人住民税、法人事業税を合計した税率）は東京都の場合、

図表5-1　各国の実効税率の推移

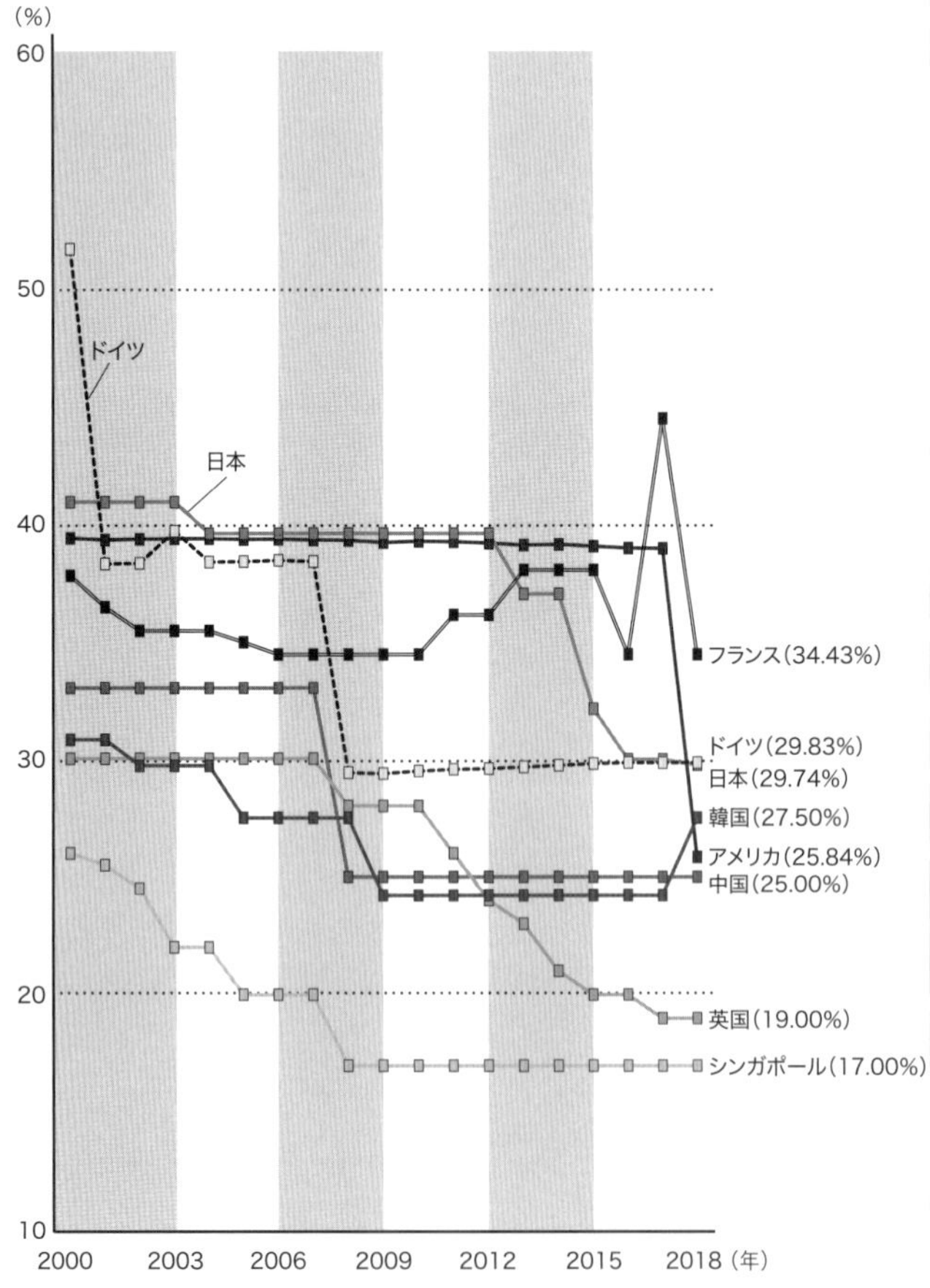

出所：OECD、財務省資料より著者作成

２０１１年度には40・８６％（そのうち法人税は30％）でしたが、２０１２年度に36・０５％（法人税25・５％）、２０１５年度に34・３３％（法人税23・９％）、２０１６年度に33・８０％（法人税23・４％）、２０１８年度に33・５９％（法人税23・２％）と、段階的に引き下げられてきました。

アメリカでも２０１８年に法人税を35％から21％へと大幅に引き下げたことによって、アメリカの実効税率（法人税、州税を合計した税率）はカルフォルニア州の場合、従来の40・７５％から27・９８％まで一気に低下し、日本やドイツ、フランスなどの税率より低くなっています。フランスでも２０１９年から２０２２年にかけて、法人税の実効税率を現行の34・４３％から25・８３％まで段階的に引き下げることを決定しています。

海外からグローバル企業を誘致して国を潤そうという考えは、決して間違ってはいません。ただし、世界中で法人税の引き下げ競争が過熱してきたことによって、アメリカのＩＴ企業を中心に世界中のグローバル企業の節税があまりにも行き過ぎたものになっているという問題が生じています。たとえば、アップル、グーグル、アマゾンなどのＩＴ企業は、オランダやアイルランド、ルクセンブルクなど低税率の国々に巨額の資産や利益を移転し、税負担を圧縮して最大の利益を確保する仕組みを構築しているのです。

いくらカリフォルニア州での実効税率が27・98％まで下がったとはいっても、アップルはすでにアイルランドの子会社に多額の利益を移転し、法律の抜け穴も利用しながら実質的な法人税率を2％以下に抑えることができています。そのおかげもあって、アップルのような企業は利益を膨らませ、自社株を買ったり配当を増やしたりすることができるので、富裕層や資本家がますます裕福になっていくという構図ができあがっています。アップルが2017年までの5年間で稼いだお金のうち、実に25兆円が自社株買いや配当として株主に還元されていたのです。

それに比べて、同じ期間のアップルの法人税が9兆円、人件費が9兆円、設備投資が6兆円にとどまっていたことを考えると、IT企業が稼いだお金は社会全体や実体経済にはまわりにくくなっている現状が浮き彫りになっています。もちろんIT企業にかぎらず、多くのグローバル企業が何らかの節税策を講じているので、世界各国で税収が足りなくなる傾向が顕著になってきています。そのようなわけで、国家が担うべき弱者への再分配機能は弱まっていくばかりであり、多くの国々で人々の生活が劣化し社会への不満が高まっているのです。

日本はこういった法人税の引き下げ競争に副作用があることを認識したうえで、その競争にただ乗っかっているだけではだめだと思います。先ほども述べたように、日本は法人税を２０１１年度の30％から２０１８年度には23・２％まで引き下げ、実効税率も東京都の場合で40・８６％から33・５９％まで低下しています。そういった要因も手伝って、２０１７年までの過去５年間で日本企業（上場企業が対象）は史上最高益を３度も更新し、自社株買いの金額が１４３％、配当の金額が90％も伸びています。

ところがその一方で、日本企業の労働分配率は下がり続けていて、たとえ大企業の社員であっても、企業収益の増加に見合った賃金の上昇は達成されていません（図表5-2参照）。それどころか、中小企業や零細企業を含めた日本全体の実質賃金は、２０１３年から２０１７年にかけてむしろ下がってしまっているのです。日本でも少なくとも過去５年間では、富裕層や資本家が富を増大させてきたのに対して、普通の人々の生活はまったく良くなってはいなかったというわけです。

ですから私は、今後は日本の将来をしっかり考えたうえで、法人税の引き下げにつ

図表5-2　実質賃金指数(月次、2000年1月～2018年6月)と労働分配率(年次、2000年～2017年)の推移

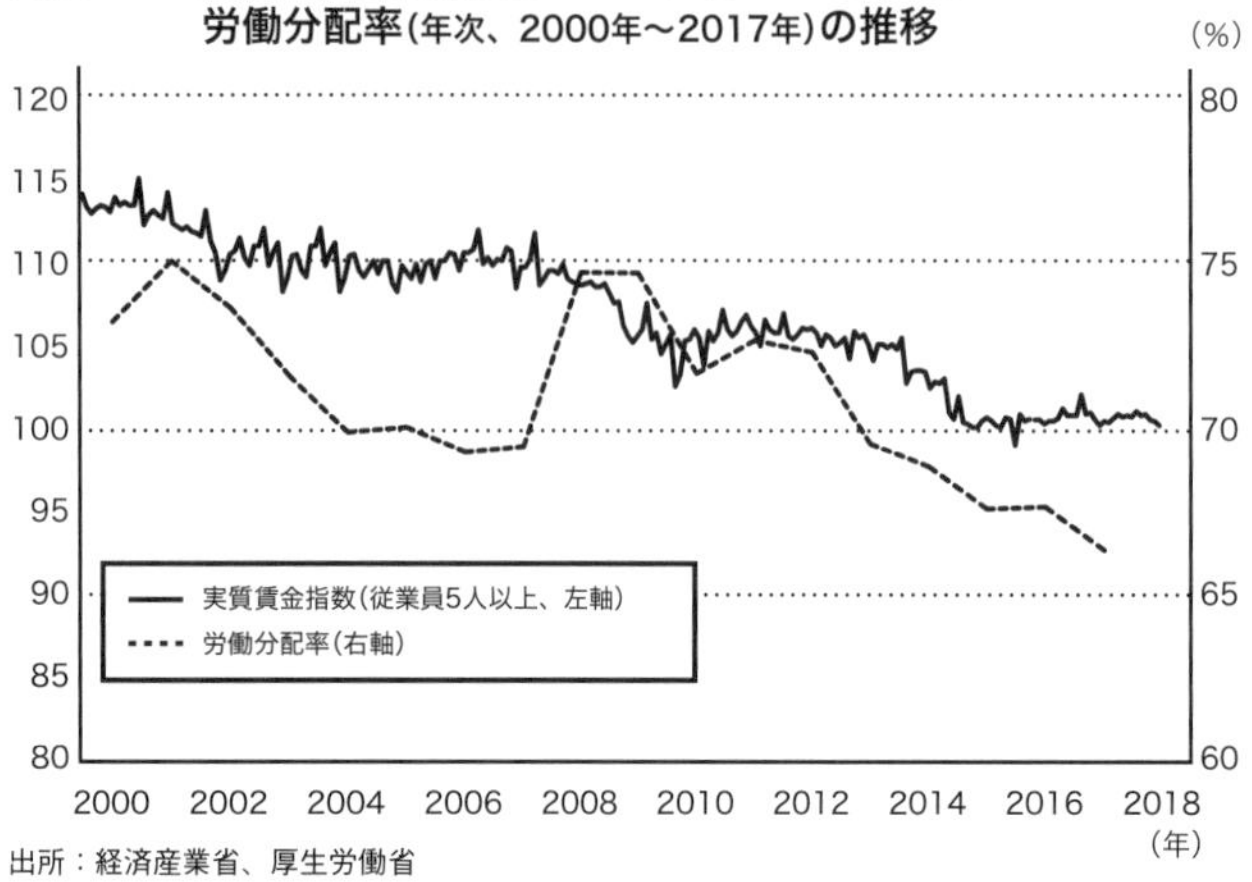

出所：経済産業省、厚生労働省

いては新しい制度設計を構築してほしいと考えています。どういうことかというと、大企業に課税される法人税を一律に減税するのではなく、地方へ本社機能を移転した割合に応じて税率を引き下げる仕組みを取ってほしいということです。たとえば、本社機能の25％を地方へ移転した場合は法人税率を従来より5％引き下げ、50％を移転した場合は10％引き下げ、75％を移転した場合は15％引き下げるといった形にすれば、大企業が地方へ移転するインセンティブは高めることができるのではないでしょうか。

　私はそのうえで、地方自治体が情熱を持って大企業の経営者に魅力的な誘致案を提示することができれば、地方は意外に多くの大企業を招き入れることができるのではないかと思い描いています。というのも、大志を持った大手企業の若手経営者を中心に、東京から地方へ本社機能を移したいと思っている人たちは着実に増えてきているからです。

たとえば、2018年になってヤフーの宮坂学会長とお話する機会がありましたが、宮坂会長が「僕は利益を増やすだけでなく、社員が幸せになる会社をつくりたい」と目標をおっしゃったのに対して、私は「本社を都心から郊外へ移転すれば、経営コストは圧倒的に安くなるし、社員の仕事や生活における満足度も格段に上がると思う」と申し上げました。すると宮坂会長は「おっしゃるとおりだ。紀尾井町に6000人の従業員を抱えるのは、物凄いコストがかかる。全部を郊外へ持っていくのは無理だとしても、郊外への分散はしていきたいと思っている」と答えてくれたのです。

大手企業の若手経営者のみならず、有望なベンチャー企業の若手経営者のなかにも、地方に移転するメリットを意識しはじめている人たちが増えてきています。地方での働きやすさや生活のしやすさに着目し、従業員の幸せと生産性の向上の両立ができると考えはじめているのです。社会のすみずみまでＩＴが普及していく世の中では、とりわけＩＴ関連の企業は東京にこだわる必然性がなくなってきているので、本社機能の移転需要は以前よりも確実に増えてきているというわけです。

東京に本社を置く大企業のなかには、コマツのように日本の将来を心配し、少子化対策や地方創生を実践している企業があります。衰退を避けたい地方自治体のなかには、長野県のように危機感を持って少子化対策や大学改革に頑張っている自治体があります。国はこうした大企業や地方自治体の取り組みを強力に支援するために、大企業の法人税減税のあり方を日本独自の少子化対応へのものへと変えていく必要があるでしょう。コマツに続く大企業が50社も現れれば、日本の雰囲気はかなり明るくなるだろうと思われます。

自由な働き方は有力な少子化対策となりえる

みなさんは「テレワーク」という言葉を聞いたことがありますでしょうか。テレワークとは、「テレ（tele）＝離れたところで」と「ワーク（work）＝働く」を組み合わせた造語であり、情報通信技術（ＩＣＴ）を活用した、場所や時間にとらわれない柔軟な働き方のことを指しています。テレワークは働く場所によって、主に「在宅勤務」「サテライトオフィス勤務」「モバイル勤務」の３つに分けられます。

総務省の２０１６年度の調査によれば、テレワークを導入する企業の生産性は、導入していない企業の１・６倍にもなるという結果が出ているということです。実際に、テレワークを導入した企業の９割が効果を実感することができたと回答しています。２０１６年の段階では調査対象となるサンプル数が少ないことから、生産性における効果をそのまま鵜呑みにするのは控えたいですが、それでも感覚的には生産性が少なくとも2割～3割は容易に上がるということは理解できます。

なぜかというと、大都市圏では毎日の通勤が「痛勤」と表現されるほど肉体的および時間的な負担が大きいので、その負担をなくせるだけでも効果が大きいはずだからです。総務省の２００８年の統計によれば、通勤時間の中位数を都道府県別にみると、神奈川県が49・４分ともっとも長く、次いで千葉県が47・９分、埼玉県が45・７分、東京都が44・０分となっており、全国の中位数が27・８分であるのと比べると、東京圏ではとくに通勤時間が長くなっているのです。

在宅勤務を選択した場合、通勤時間がなくなる分、会社勤務より早い午前8時から仕事を始め、夕方の4時〜6時には終わらせることができるようになります。なおかつ、満員電車に揺られる通勤で体力を消耗することもなく、最初から仕事に集中できるというメリットもあります。当然のことながら、仕事における生産性を高めながら、残業となるべき時間も減らすことができるわけです。

これまで毎日の通勤に当てていた時間を遠慮なく仕事に振り向けることができれば、どれだけの成果が得られるか想像してみてください。かくゆう私も自宅と勤務地はできるだけ近いほうが効率性は上がるはずだという考えから、今の仕事を始めた時から両方の場所を5分〜10分以内に移動できる地点に設定して活動してきましたが、その効果は想定していた以上に大きいものとなっています。

そういった意味では、政府の働き方改革に沿って労働時間の短縮を進める企業が多いなかで、テレワークによって働く場所が重要な位置づけになってきている流れは大いに評価したいです。大企業では社員に出社を義務付けないなど大胆に方針を変えるのは時間がかかりそうですが、中小のベンチャー企業のあいだでは社員は自宅やカフェなど好きな場所で働ける環境づくりが広がってきているからです。結果的には、地方から通勤圏に縛られない優秀な人材を集めやすくなったばかりか、生産性が高まる効果もしっかりと出てきているということです。

なぜテレワークの話をしているのかというと、少子化に対して主に3つの大きな効果を期待しているからです。

1つめの効果とは、地方に良質な雇用を提供できるということです。地方でリモート社員として東京圏と同等の賃金が得られるようになれば、地元に残りたい、あるいは地元に帰りたいという若者たちは意外に多いので、地方からの若者の流出を抑えると同時に若者が戻ってくるという成果が考えられます。東京圏より地方のほうが結婚率や出生率が上がるのは間違いないことから、若者が地方にとどまったり戻ったりするという意義は殊のほか大きいはずです。

2つめは、長時間労働を是正できるということです。在宅勤務が標準となれば、東京圏であろうが地方であろうが通勤に要する時間を節約することができます。東京圏に勤める人々は平均して1日90分以上の時間が節約できることになるのです。おまけに、通勤による疲弊がなくなれば仕事への集中力が高まり、労働時間をいっそう減らすことができます。フランスやスウェーデンなどの事例を見れば、労働時間を短くするように改めれば出生率が上がるということは実証されていますし、厚生労働省の２０１４年の調査によれば、夫の家事・育児時間が長いほど、第２子以降の出生割合が増えているという実態が明らかにされています。

３つめは、育児や子育てで離職せざるをえなかった女性が再び働く機会を得られるようになるということです。夫婦で働くことで経済的に安定するのに加えて、女性が自由な働き方を選択できるのであれば、第２子や第３子を欲しいと思う強い動機付けになると考えられます。厚生労働省の２０１４年の調査によれば、子どもを２人以上持ちたいと思っている夫婦は少なくないということです。夫婦の希望が叶った場合の出生率は１・８０程度になる見込みであるといいます。

今のところ、テレワークを本格的に導入しているのは中小のベンチャー企業が主体となっていますが、多くの大企業が少子化対策と生産性向上の両立が可能だと認識したうえで、テレワークを勤務形態の核として取り入れることに大きな期待を寄せています。多くの大企業が本社機能を地方に分散させるとともに、働き方を「週２日は会社勤務、週３日は在宅勤務」といった形に変えることができれば、日本の将来はそんなに悲観するものではないということが明らかになってくるはずです。

第6章

ＡＩ社会とどう向き合うべきか

第４次産業革命と民主主義を両立させるためには

ＡＩやＡＩを搭載したロボットによる第４次産業革命がもたらす最大の問題は、企業が生産性を上げれば上げるほど、それに反比例するように雇用が確実に減っていくということです。ＡＩ・ロボットがもたらす未来は、低学歴・低技能の労働者はもちろんのこと、高学歴・高技能の労働者の仕事をも奪っていくという見通しにあるからです。企業が生産性を高めることができる大きな要因は、疑う余地もなく大幅な人件費の削減効果にあるのです。

ＡＩやロボットにより様々な業務にかける時間を減らし、余った従業員は創造性や感性が求められる業務に集中できるという考え方は、企業経営の立場からすればほとんど現実的ではありません。実際には、ＡＩ・ロボットでは代替できないスキルが必要とされる業務は、余った人員のほんの一部だけを投入すれば済んでしまうからです。仕事の効率化に成功した企業はその成功体験から敢えて外れるようなことはせず、必要のなくなった従業員を整理する傾向を強めていくことになるでしょう。

近年のアメリカやヨーロッパでは、企業の生産性向上による利益の分配が資本家や高所得の労働者に偏っている傍ら、一般の労働者にはまわりづらくなっているという点で、人々の政治や社会に対する不満が高まっています。それに加えて、AI・ロボットによる自動化があまりに速いペースで進み、長期失業者や低賃金労働者が増加する傾向が鮮明になれば、先進国のなかには、過激なポピュリズムの台頭で政情不安になり、民主主義がまともに機能しなくなる国がいくつも出てくるかもしれません。

その対応策として考えられる一つの方法は、自動化によって人件費を削減した企業に対して、「AI・ロボット税」を課税する仕組みを各国の税制に導入するということです。AIやロボットが社会に浸透するにしたがって、経済格差がいっそう広がっていくことは間違いないので、各国の政府はAI・ロボット税の導入によって所得の再分配機能を強化していく必要があるのです。自動化の悪影響を受ける人々を支援する政策が整備されるためには、AI・ロボット税を真剣に議論するべき時期にきているといえるでしょう。

もちろん、AIやロボットへの直接課税が問題の根本的な解決策にはならないことはわかっていますが、それでもＡＩ・ロボット税によって企業の自動化の進展が遅れるのであれば、それに越したことはないと考えています。企業の自動化のスピードやペースをできるかぎり抑えながら、ＡＩ・ロボット税を失業者の再教育制度の整備にまわしたり、失業者の受け皿となる産業の育成を支援したりするための時間稼ぎができるようになるからです。

このままでは人類の価値観や民主主義そのものが危機に陥ってしまうので、各国の政府は近い将来、大きな自動化の波がもっと穏やかになるように対策を講じる必要があります。その前に各国の政府がやるべきなのは、自動化の影響で失業する人々が新しい社会環境に適応できるように支援することです。たとえば、スウェーデンでは就業のための勉強と体験を組み合わせた2年間の公的な職業訓練が原則無料であり、職業訓練をするときは休暇の取得も法律で認めています。スウェーデンの職能訓練をモデルとして、ＡＩ・ロボット社会に対応できる人材を育成する制度をつくるのが不可欠ではないでしょうか。

そのうえで、各国の政府は国際的に極めて重要な協調策として、経済成長の果実を人々に平等に分配するためにＡＩ・ロボット税の導入でまとまる必要があります。石炭火力発電所は温室効果ガスを大量に排出することから、地球温暖化や大気汚染など社会的なコストが大きいといわれていますが、そういった意味では、AI・ロボットへの投資は石炭火力発電所への投資と似ている点があります。英国が発電施設を対象とした気候変動税を導入した結果、石炭火力発電所は採算性が悪化し閉鎖が相次いでいますが、社会をよくするという点では、AI・ロボット税はそれと同じような効果が期待できるというわけです。

勘違いをしないでいただきたいのは、私は決してAIがないほうが良いといっているわけではありません。ただ、AIの進化が想定を超えてあまりに速すぎるので、どうしたら人間がAIと共生していくことができるのか、多くの国々の国民レベルで議論してもらいたいのです。AIはこれまで治らなかった難病を根治したり、地球規模の温暖化を解決する術を提案したりと、人間にとって大きな恩恵をもたらす可能性があります。ですから、イノベーションを阻害することなく、社会を大きく混乱させることなく、両立できる望ましいバランスについて世界的に議論することが重要であるのです。

社会保障の分野にはＡＩを積極的に入れるべき

日本では経済や社会を支える生産年齢人口の減少が加速化していくので、ＡＩやＡＩによって動くロボットの積極的な導入は5年単位で見れば、人手不足を解消するのに大いに寄与する見通しにあります。しかしながら、ＡＩは単純な仕事だけでなく高度なスキルを要する仕事まで代替できるので、このままでは２０２０年代半ばには人手が余る傾向が顕著になり、失業や格差の問題が浮上してくることになるでしょう。

そうはいっても、財政の重荷になっている社会保障（医療・介護）の分野では、ＡＩによる徹底的な効率化は好ましいことであると考えています。ＡＩは高度な医療や治療薬を生み出すため医療費を想定以上に膨らませる懸念はあるものの、それとは逆にＡＩを現場の生産性という一点に絞って活用すれば、医療費や介護費をある程度は節約することができるばかりか、病院で受診する患者や介護施設の入居者にも相応のメリットがあるからです。

日本の医療の現場でも、医師の役割の大半をＡＩが代替するというシナリオをもとに、いろいろなシステムを開発する取り組みが始まっています。医師が患者を診断する際に、ＡＩがカルテを自動的に入力したり、ＭＲＩや内視鏡による画像を分析したり、ＤＮＡを分析したうえで最適な治療法を提案したりするというのです。その結果、医師は診断に専念して十分な説明時間を取れるようになり、患者の満足度が上がることにもつながるというわけです。

昨今のメディア等の報道では、誤診や手術ミスの問題がたびたび取り上げられていますが、それらは氷山の一角にすぎず、実際にはうやむやにされているケースが多いということです。海外の多くの実証実験の過程では、ＡＩは世界的に権威がある専門医と遜色のない診断結果を出すことがわかってきています。ＡＩは医師がもっともしてはいけない誤診を防ぐのに力を発揮できるのです。ＡＩを積極的に導入しなければ、その病院はコストが削減できないほかに、医療の精度を高めることができないので、とても生き残ることはできないでしょう。

ＡＩが医師より優秀であったとしても、診断するのはあくまで医師であり、ＡＩは医師の支援役という位置づけになります。しかし現実には、医師がＡＩの診断を確認するという役回りを果たすことになるでしょう。いずれにしても、ＡＩによって最適な治療を広げていくことができれば、無駄な診療や投薬が削減できるというメリットがあります。ＡＩ医療が全国にくまなく普及することで、膨張する医療費は1年間で数千億円規模は削減できるだろうと期待されています（焼け石に水だといわれるかもしれませんが、毎年のことなので累積していくと馬鹿にはできません）。

当然のことながら、国がこれからも医師を増やしていくという方針が変わらないのであれば、２０２０年代には慢性的な医師不足が解消され、２０３０年代には供給がかなり過剰になっていきます。それは、医師の高い人件費に下落圧力が働くこと、ひいては看護師やその他の職員の人件費にも影響が出ることを意味していて、病院経営の重荷になっている人件費の削減にもつながっていくこととなるでしょう。そういう経緯をたどって、日本の医療の国際競争力は強化されていくというわけです。

日本の医療がアメリカのＡＩ技術を後追いしているのに対して、日本の介護の現場では、世界の先頭を走る日本のロボット技術とアメリカのＡＩ技術が融合することによって、新しい介護の仕組みが次々と生み出されるようになり、日本が世界の介護市場をリードできる可能性が高い状況にあるといえます。重労働の割に給料が安いという理由から働き手が敬遠しがちな介護の仕事は、あと10年～20年もすれば大きく様変わりするポテンシャルを秘めているのです。介護士の業務負担を劇的に減らす一方で、より多くの高齢者に施設に入居してもらうことが可能になるというわけです。

たとえば、ＡＩは膨大な介護データを学習することによって、個々の高齢者のニーズに合わせながらケアプランの目標や具体的な計画を導き出すようになるでしょう。たったこれだけの作業でも、ケアプランの作成を担当するケアマネージャーはかなりの負担を減らすことができます。また、ＡＩは介護士の申し送り事項から、日報も自動作成するようになるでしょう。引き継ぎのための日報作成の業務がなくなれば、介護士の日課的な業務が大幅に減ると同時に入居者に接する時間を増やすことができます。介護士の仕事へのモチベーションと入居者のサービスへの満足度の双方が、相乗効果を発揮して上がっていくことが期待できるのです。

介護の現場で使用されている機械では、日本企業の技術力がもっとも先進的であるといえます。少子高齢化が世界最速で進んでいる日本であるからこそ、いかに少ない人員で高齢者を守るかという視点から、介護の現場を助ける新しい技術が次々と生まれてきています。たとえば、入居者の起床や離床、排尿が近いことなどは、部屋のセンサーを通して介護士のスマートフォンに自動で通知されます。就寝中の入居者の呼吸の異常やベッドからの転落などがあれば、介護士に緊急通報がなされます。入居者の健康状態や日常生活に関するデータを家族に定期的に知らせることもできるといいます。

日本の企業には長年培ってきた光学技術や画像技術、超音波センサーのほかにも、世界で最高水準の産業機械におけるロボット技術があります。ベッドから車いすへの移動など、入居者を運ぶことで腰を痛める介護士は非常に多いのですが、将来的には産業ロボットの技術を応用した介護ロボットがそれらの重労働を代替できるので、介護士の肉体的な負担はずいぶん軽減されることになるでしょう。高齢者数がピークを迎える2040年頃までには、介護の現場のあらゆる場面でAIやロボット機械が担う役割が大きな位置を占めていることが予想されています。

生産性が著しく低いといわれる介護の業界でも、AIとロボットの技術を組み合わせることによって、その生産性を飛躍的に引き上げることは現実のものとなっていくでしょう。赤字になりがちな介護施設の多くが黒字化して存続できるようになっていくし、高齢者一人あたりの介護費用は減少して歳出の膨張に幾分の歯止めをかけることも可能です。経済産業省は２０３５年の時点で介護職員が68万人不足すると試算していますが、その頃には介護士は重労働で薄給の仕事ではなくなり、人気の職種の一つになっているかもしれません。

膨らむ医療費や介護費をＡＩの力で何とか克服しようとするのは、毎年の積み重ねを考えると決して無駄なことではありません。私はなにも医療や介護の分野に限定することなく、税金で賄われる公的な分野ではその業務をできるだけＡＩに任せて効率化したほうが良いと考えています。企業の世界では国内外で競争をしなければならないので、ＡＩ・ロボット化の流れを積極化していかざるをえませんが、公的な分野はその持続性を保っていくという観点から、雇用への影響に関係なく企業以上にＡＩを積極的に取り入れていくべきでしょう。

ＡＩと闘ってはいけない、ＡＩは利用していくものだ

ＡＩが広く浸透していく時代の到来に向けて、人はどのようなスキルを磨いていったらいいのでしょうか。総務省がＡＩの時代に重要となる能力を有識者に聞き取りし

たところ、主体性、行動力などの「人間的資質」や「企画発想力や創造力」がもっとも多く、コミュニケーション能力などの「対人関係能力」が続いたということです。語学力などの「基礎的素養」は少なく、人ならではの強みを身につける必要性が求められるというのです。さらに有識者のなかには、AIに負けない人間力を鍛えていくには、他の人に共感する力を高めていかねばならないと指摘する人もいます。

第3章では弁護士や弁理士、医師などの仕事のほとんどがAIで代替できると述べましたが、人間力を武器とした新たな弁護士像は、裁判により傷ついた依頼人の心のケアといったAIにはできない領域に活路を見出すものになるかもしれません。同じように新たな弁理士像は、顧客の発明をさらに価値あるものにするために知恵を絞るものになるかもしれません。また、これからの医師にとってもっとも大事な業務は、患者との懇切丁寧な会話になるのかもしれません。かゆいところに手が届くサービスは日本人の元々の強みではあるものの、本当にそれだけのことで順風満帆に進んでいけるというのでしょうか。

たしかに、人の心に関わる作業は自動化されにくいとされていますが、その常識はすでに通用しなくなっているように思われます。たとえば、人の心に関わる仕事の代表とされるカウンセラーの仕事までも、ＡＩによる自動化の射程圏内にすでに入ってきています。人は相手の感情を主観で判断してしまいがちなので、ＡＩの客観性はカウンセリングの質を上げてくれるというのです。人は思い込みで相手の心情を読み間違えることがよくありますが、人の複雑な感情を優れた画像認識力で読み取れるＡＩであれば、相談者の心に寄り添った適切な言葉をかけるのは技術的に難しくないといいます。将来はカウンセラーの仕事までもが、ＡＩに代替されていてもおかしくはないのです。

今のところ、日本の大学進学率は50％を超えていて、アメリカと匹敵するほど高い数字を誇っています。なぜ大学進学率が高いのかというと、多くの学生が大学に行けば良い会社に入り、高い収入が期待できると考えているからです。ところが、ＡＩ社会の到来によって、そういった意識は大きく変えなければいけない状況になってきています。メガバンクの新卒採用を抑えた人員削減を見ていても明らかなように、業務の自動化が普及することによってもっとも不利益を被るのは、何を隠そう高学歴の人々になるからです。これは、日本の学歴社会や企業社会において、大きな価値体系の変化が起ころうとしていることを意味しています。

そのような大きな変化が本格的に起こるまでに5年~10年程度の期間しか残されていないとするならば、大企業にしても中堅企業にしても、社員の意識改革にできるだけ急いで取り組んでいく必要があります。学歴社会というエスカレーターを上手く昇ってきた社員の立場からすれば、良い会社にいるから安心だという価値観がこれから消滅しようとしているからです。一人ひとりの社員が自己研鑽を積みながら、個人で仕事が評価されるスキルを身につけていかなければ、企業社会では用無しとされてしまうという危機意識を持たなければならないのです。

ＡＩは２０１２年に深層学習というビッグバンを契機にして、恐ろしいほどの速い進化を成し遂げてきています。そして驚くべきことに、アメリカのシリコンバレーでは今や、深層学習による研究に一つの区切りをつけて、次なるビッグバンを起こそうとする段階に入ってきているといいます。すなわち、ＡＩが身につけた知識を応用して、「新しい知」を創造する世界にまで足を踏み入れようとしているというのです。仮に第1のビッグバンである深層学習に続いて第2のビッグバンが起こるとするならば、私たちにはまったく想像のつかない経済・社会が現れてくるのかもしれません。

現時点でＡＩが決して真似できないのは、企画力や発想力、創造力、共感力などといわれていますが、第２のビッグバンによるイノベーションでは、ＡＩがそれらの領域を概ねカバーしてしまう可能性があります。私たちのＡＩに関する常識を超えて、ＡＩが人間の仕事を代替するシェアが全体の９割を超えるまでに高まっていくことが考えられるのです。これからの仕事は「ホワイトカラー」と「ブルーカラー」という分類ではなく、「クリエーター」と「サーバー」という区別になるといわれています。クリエーターとは「プログラムのコードを書く人」、サーバーとは「サーバント（＝召使い）」が転じて「決められた仕事をこなす人」という意味で使われています。

「人にしかできない仕事はなくなるのでは」という心配に対する私の答えは、「ＡＩと闘わずに、ＡＩと共生しなさい」ということです。さらには「ＡＩとの共生に必要なスキルとは何なのか」という質問に対しては、「人間が複雑であり続けるよう努力をすること」だと思っています。たとえば、ＡＩが成功した５００人のビジネスマンの著書を学習してその共通項を教えてくれたとしても、それだけで成功するほどビジネスの世界は甘くはありません。ビジネスで成功する要因は、個々の考え方や感情、経験、テクニック、運などの総合であり、とても一般化することはできないからです。

私たちは自己研鑽や試行錯誤を繰り返し、様々な経験を積み重ねることで、人間の複雑さを身につけていくことが重要であるのではないでしょうか。

【著者紹介】
中原圭介（なかはら　けいすけ）
経営・金融のコンサルティング会社「アセットベストパートナーズ株式会社」の経営アドバイザー・経済アナリストとして活動。「総合科学研究機構」の特任研究員も兼ねる。企業・金融機関への助言・提案を行う傍ら、執筆・セミナーなどで経営教育・経済教育の普及に努めている。経済や経営だけでなく、歴史や哲学、自然科学など、幅広い視点から経済や消費の動向を分析しており、その予測の正確さには定評がある。「もっとも予測が当たる経済アナリスト」として評価が高く、ファンも多い。
主な著書に『日本の国難』『お金の神様』（ともに講談社）、『ビジネスで使える 経済予測入門』『シェール革命後の世界勢力図』（ともにダイヤモンド社）、『これから日本で起こること』『中原圭介の経済はこう動く〔2017年版〕』（ともに東洋経済新報社）などがある。東洋経済オンラインで「中原圭介の未来予想図」、マネー現代で「経済ニュースの正しい読み方」、ヤフーで「経済の視点から日本の将来を考える」を好評連載中。

AI×人口減少　これから日本で何が起こるのか

2018年11月8日発行

著　者——中原圭介
発行者——駒橋憲一
発行所——東洋経済新報社
〒103-8345　東京都中央区日本橋本石町1-2-1
電話＝東洋経済コールセンター　03(5605)7021
https://toyokeizai.net/

装　丁…………秦浩司（hatagram）
ＤＴＰ…………バウンド
印　刷…………ベクトル印刷
製　本…………ナショナル製本
編集担当………岡田光司

Printed in Japan　ISBN 978-4-492-39643-8